Helmut Stallknecht
Aquarienfische

Helmut Stallknecht

Aquarienfische

99 Farbfotos
14 Zeichnungen
8 Bildtafeln

E.U.
VERLAG
EUGEN
ULMER

Die Deutsche Bibliothek - CIP-Einheitsaufnahme

Stallknecht, Helmut:
Aquarienfische / Helmut Stallknecht. - Stuttgart : Ulmer, 1992
(Kennen & Pflegen)
ISBN 3-8001-7262-3
NE: HST

Wollgrasweg 41, 7000 Stuttgart 70 (Hohenheim)
Printed in Germany
Einbandgestaltung: A. Krugmann, Freiberg am Neckar
mit Fotos von Hans - Joachim Richter
Herstellung: Steffen Meier
Mitarbeit und Lektorat: Werner Baumeister
Satz: Steffen Hahn FotoSatzEtc., Kornwestheim
Druck und Bindung: Manfrini R. Arti Grafiche Vallagarina S.p.A.
Printed in Italy

Einleitung

Die Beschäftigung mit der Natur ist heute wichtiger denn je. Nur die direkte Auseinandersetzung mit ihr entwickelt und fördert das Verständnis für die Probleme und ermöglicht gemeinsame Anstrengungen zum Schutz der Umwelt. So ist für viele Menschen heute die Heimtierhaltung der einzige Berührungspunkt zur sich sonst überall im Rückzug befindlichen Natur. Für Aquarianer scheidet die Haltung einheimischer Tierarten jedoch meist aus, da fast alle streng geschützt sind und daher der Natur nicht entnommen werden dürfen. Schon aus diesem Grund werden fast ausschließlich tropische Zierfische in unseren Aquarien gehalten. Sorgen um die Erhaltung der Arten in den Herkunftsländern braucht man sich dabei kaum zu machen, denn mehr als 90 % der beliebtesten Zierfische werden heute in großen Mengen gezüchtet – hier in Europa, aber auch direkt in den Herkunftsländern. Die wenigen Arten, die nicht nachgezüchtet werden können oder deren Zucht nicht lohnt, werden nur von einigen Spezialisten gehalten und sind in der Regel an den Naturstandorten dadurch nicht gefährdet. Doch auch die Natur in den Herkunftsländern unserer Zierfische ist bedroht. Urwälder werden abgeholzt, ganze Lebensräume zerstört und der Zivilisation geopfert. Wer dies erkannt hat wird die Zierfischhaltung verantwortungsbewußt betreiben, denn: „Nur was man kennt, ist man auch bereit zu schützen!“

In den letzten Jahrzehnten wurde die Aquaristik zu einem der beliebtesten Hobbys im Bereich der Heimtierhaltung. Sie war jedoch schon vor der Jahrhundertwende populär. Doch erst seit die „Welt im Glase“ von einer immer größer werdenden Zahl engagierter Liebhaber intensiv betrieben wird, ist die Vielfalt der erhältlichen Fischarten immens gestiegen, und auch der notwendigen Technik wurde mehr Aufmerksamkeit geschenkt. Wurden Aquarien noch vor 50 Jahren mit Gaslämpchen beheizt, so kann heute selbst ein Kind ein Aquarium betreuen. Doch die ganze heute verfügbare Technik nützt wenig, wenn dem Aquarianer das Verständnis für all die Zusammenhänge fehlt, die die Haltung von Tieren und Pflanzen zwangsläufig bedingen.

Dieses Buch soll dem Anfänger die Grundlagen der Aquaristik näherbringen und ihn in die Lage versetzen, sein erstes Aquarium richtig einzurichten, sachgerecht zu pflegen und mit den zueinander passenden Fischarten zu besetzen. Durch fachlich fundierte Information sollen all die Fehler, die dem Anfänger leicht unterlaufen können, vermieden werden. Doch auch nach der Lektüre dieses Buches wird der Aquarianer stets dazulernen müssen. Fachzeitschriften und das große Angebot speziellerer Aquaristik-Bücher werden ihm dabei helfen. Die Aquaristik ist ein vielfältiges und umfangreiches Hobby; langweilig wird sie daher nie.

Inhaltsverzeichnis

Verwirrende Vielfalt

Seit über 100 Jahren werden in Aquarien kleinbleibende, farbenprächtige Fische aus allen Gebieten der Tropen und Subtropen gepflegt und gezüchtet. In diesem Zeitraum wurden erst zufällig, später gezielt, ständig neue, den Fachzoologen oft noch unbekannte Arten entdeckt, eingeführt und ihre Hälterungs- und Vermehrungsbedingungen erforscht. Durch regelmäßige Zucht entstand ein umfangreiches Handelssortiment, in dem sich heute viele langjährig in Aquarien vermehrte Arten, aber auch die „letzten Neuheiten" befinden. Da viele Züchter auch gezielt von der Naturform abweichende Farbtypen und Flossenformen züchteten, steht ein Anfänger heute vor einer verwirrenden Vielfalt von Aquarienfischen und braucht Beratung, welche Aquarienfische für seinen Zweck die richtigen sind.

In dieser Situation greift man zunächst zur reichlich vorhandenen Fachliteratur, doch hilft sie zunächst wenig, weil entweder Standardwerke gewaltigen Umfangs oder Spezialbücher zu einzelnen Fischgruppen vorliegen. Die großen Fachbücher gliedern diese Vielfalt zwar zoologisch-systematisch, helfen dem Anfänger aber gerade durch die angestrebte Vollständigkeit nicht. Die Spezialwerke setzen andererseits ein besonderes Interesse für die jeweils behandelten Arten voraus und überfordern damit oft den um erste Überblicke bemühten Liebhaber.

Was also sucht der Anfänger? Er möchte möglichst einfach zu pflegende Arten, die seinen Vorstellungen von „Zierfischen" entsprechen, also in Farbe und Form attraktiv sind, und er möchte wissen, welche Arten er miteinander halten kann, weil sie ähnliche Bedürfnisse haben und sich gegenseitig nicht bekämpfen. Vor allem möchte er seine Tiere artgerecht halten, ihnen also die Lebensbedingungen bieten, die ihren natürlichen Ansprüchen möglichst nahekommen.

Dazu gehört ein gewisses Grundwissen, das ihm erlaubt, durch ein Fachgeschäft zu gehen und die angebotenen Arten schon einmal grob als Salmler, Barben, Regenbogenfische oder Buntbarsche einzuordnen, ehe er sich mit gezielten Fragen an den Verkäufer wendet. Auch der freundlichste Händler bekommt einen gönnerhaften Blick, wenn ein Kunde nur „rote, gestreifte oder gefleckte" Fische kaufen will. Es erleichtert die Beratung erheblich, wenn der Kunde bereits Grundkenntnisse hat und so gezielter seine Wünsche äußern kann. Der Zoofachhändler wird es sicher schätzen, wenn man sich für „diese Barben" interessiert oder das Gespräch damit beginnt, daß man etwas über „die für mich neuen Labyrinthfische" wissen möchte.

Hier gleich ein wichtiger Ratschlag: Wollen Sie neue Fische zusätzlich zu Ihrem bisherigen Besatz kaufen, so sollten Sie benennen können, was Sie schon besitzen. Am besten notiert man sich die Namen der Fische, möglichst die deutsche und die wissenschaftliche Bezeichnung, einige Angaben über Beckengröße, Bepflanzung und Aquarientechnik und rundet so das Bild für den Zoofachhändler ab. Es erleichtert die Beratung durch den Fachmann sehr, wenn er entscheiden soll, ob die „Neuen" in Ihr bereits besetztes Aquarium passen werden.

Auch wer ein neues Aquarium einrichtet, muß sich vorher im klaren sein, welche Fische er halten möchte. Die richtige Auswahl des Beckens, des Bodengrunds, der Bepflanzung und Einrichtung und nicht zuletzt auch der verwendeten Technik spielen hier eine entscheidende Rolle. Dennoch spielt sich in jedem Aquarium ein anderes Gleichgewicht ein, selbst gleichgroße Becken sind nicht immer vergleichbar. Bepflanzung und Fischbesatz beeinflussen die chemischen und mikrobiologischen Prozesse in völlig verschiedener Weise, ganz abgesehen davon, daß z. B. die Wasserverhältnisse schon in verschiedenen Stadtteilen einer Großstadt sehr unterschiedlich sein können und damit völlig andere Ausgangsbedingungen schaffen.

Deshalb gehört zur Artenkenntnis auch das Kennen der Wasserverhältnisse am Wohnort, denn nicht alle Fische vertragen das gleiche Wasser. Die genauen Werte kann man bei einem langjährigen Aquarianer und selbstverständlich auch beim Zoofachgeschäft erfahren. Eine Wasseranalyse hilft hier weiter. Bei vielen Zoogeschäften gehört dies zum Beratungsservice für zukünftige Aquarianer, die sich ein Aquarium kaufen wollen. Außerdem gibt es im Fachhandel genügend Testsets, die eine einfache Wasseranalyse ermöglichen, welche jeder selbst durchführen kann (siehe auch Seite 60).

Zur verwirrenden Vielfalt der Arten, Formen und Farben kommt noch der im Fachhandel übliche Gebrauch der wissenschaftlichen Bezeichnungen. Zwar gibt es auch deutsche Namen, doch können sie je nach Gegend völlig verschieden sein, und häufig tragen mehrere Arten den gleichen oder leicht verwechselbare ähnliche Namen. Allgemein ist es deswegen üblich geworden, auch im Handel und unter Liebhabern die gehaltenen Fische mit den wissenschaftlichen Namen anzusprechen, um Verwechslungen auszuschließen. Dabei bezeichnet der erste Name die Gattung, der zweite die Art; aber oft wird umgangssprachlich nur der Artname verwendet. Freilich wird man vom „Neon“, vom „Diskus“ und vom „Schwertträger“ sprechen und kaum jemand nennt im Gespräch den Makropoden *Macropodus opercularis* (höchstens um ihn von *Macropodus concolor* abzugrenzen). Der südamerikanische Schmetterlingsbuntbarsch jedoch wird allgemein „Ramirezi“ genannt, von den vielen Regenbogenfischen der Gattung *Melanotaenia* werden gewöhnlich nur die Artnamen benutzt *(maccullochi, trifasciata),* während für viele Eierlegende Zahnkarpfen der Gattung *Aphyosemion* der Artname in Verbindung mit dem Fundort wesentlich ist. Das gilt auch für eine Anzahl von afrikanischen Buntbarschen, deren verschiedene Lokalformen aquaristisch von Interesse sind und die man stets getrennt halten sollte, damit keine unkontrollierten Verpaarungen vorkommen, die das Aussehen der Lokalform dann verändern würden.

Was aber hat es mit der immer wiederkehrenden Bezeichnung „species“, abgekürzt spec. oder sp. (richtig „spezies“, nicht „schpezies“ gesprochen), auf sich? Hier handelt es sich um wissenschaftlich noch unbearbeitete, meist erst neu entdeckte Arten, deren Gattungsname oft in Verbindung mit der für den Begriff „Art“ stehenden Bezeichnung „spec.“ und dem Fundortnamen aussagt, daß ihre Zuordnung im System noch nicht erfolgt ist. Die ebenfalls üblich gewordene Abkürzung „aff.“ vor dem Artnamen besagt, daß die betreffende Art einer bereits bekannten zwar sehr ähnlich sieht, doch nicht völlig identisch mit ihr ist und noch nicht feststeht, ob sie künftig neu beschrieben oder als Lokalform der bereits bekannten Art betrachtet werden muß.

Doch ist eine Art einmal beschrieben worden, heißt das längst nicht, daß nun für immer feststeht, wie dieser Fisch genannt werden muß. Erstens können verschiedene Wissenschaftler zu unterschiedlichen Auffassungen kommen, zweitens kann sich ein neu benannter Fisch als eine längst wissenschaftlich bekannte Art herausstellen, deren Namen aber bereits eine andere (und damit falsch benannte) Art trägt. In diesem Fall bekommt der neue Fisch den richtigen alten Namen, der bekannte aber muß neu benannt werden. Und schließlich kommt es nicht gerade selten vor, daß als selbständige Art betrachtete Fische sich nur als Lokalform oder Unterart einer weit verbreiteten Art herausstellen, oder umgekehrt, als Unterarten angesehene Fische in den Artrang erhoben werden.

Alle diese Umbenennungen haben zwar das wissenschaftliche Ziel, den Formenschatz besser als bisher zu ordnen, verwirren den Anfänger aber eher. Selbst gestandene Aquarianer sind oft verärgert über die Wissenschaftler, „die nicht wissen, was sie wollen“.

Was der Liebhaber nicht bedenkt, ist die Tatsache, daß den Ichthyologen vor allem früher nicht unbedingt der lebende Fisch vorlag, sondern die Bearbeitung nach Präparaten erfolgte. So konnte es sogar geschehen, daß Männchen und Weibchen der gleichen Art, von einer Expedition in unterschiedlichen Gläsern mitgebracht, als verschiedene Arten beschrieben wurden. Würden Sie ohne Vorkenntnisse bei Guppys auf die Idee kommen, daß die großen Tiere von ganz anderer Proportion die Weibchen zu den kleinen bunten Männchen sind, vor allem dann, wenn sie noch nie die Veränderung der anfangs gleich aussehenden Jungfische erlebt haben?

Genau hier liegt der Punkt, wo sich Liebhaberei und Wissenschaft ergänzen. Die Beschreibung nach Präparaten sagt fast immer nur etwas über die morphologisch-anatomischen Eigenschaften der Fische aus, während der Liebhaber zur im Aquarium beobachteten Biologie der Art wesentliche Details ergänzen kann.

Stimmen Beobachtungen in der Aquarienpraxis nicht mit der systematischen Einordnung überein, sollte man das ruhig in einer Fachzeitschrift veröffentlichen. Andere Aquarianer werden die Beobachtungen mit ihren vergleichen. So kann es zu neuen Erkenntnissen über die jeweilige Art kommen.

Es gibt ein klassisches Beispiel: Der Schmetterlingsbuntbarsch *(Papiliochromis ramirezi)* wurde bei seiner Erstbeschreibung in eine Gattung eingeordnet, deren Verhaltensweise den Aquarianern gut bekannt war. Mit den ersten Zuchtberichten kamen aber auch die ersten Zweifel, ob diese Einordnung richtig sei, denn die damals neuen Fische verhielten sich in der Balz und bei der Brutpflege anders als die anderen Vertreter dieser Gattung. Auch der Laich wurde nicht versteckt. In allen Punkten waren die bis dahin bekannten Vertreter der Gattung aber ziemlich einheitlich, die neue Art wich davon grundsätzlich ab. Die Frage wurde schließlich auch von wissenschaftlicher Seite gestellt, und das Ergebnis war die Beschreibung einer neuen Gattung. Die Liebhaber hatten richtig beobachtet.

Es ist also meist gewachsene Erkenntnis, die zur Umbenennung führt, aber oft auch Ansichtssache der Bearbeiter. Und es gibt auch Beispiele, bei denen man zum alten Namen nach mehreren Umwegen zurückkehrte. Damit müssen wir Aquarianer leben, und das beeinflußt auch die Artenkenntnis, weil der Handel meist einmal eingeführte Namen beibehält. Da viele Liebhaber aber bemüht sind, die neuesten, aktuellen Artnamen zu benutzen, ist es manchmal etwas schwierig, sich zu verständigen, weil jeder einen anderen Namen nennt, beide Seiten aber den gleichen Fisch meinen. Viele gute Züchter haben sich auf solche Diskussionen nie eingelassen und waren dennoch erfolgreiche praktische Biologen, die ihre Fische hervorragend kannten. Es geht also auch anders.

Die im Bildteil beschriebenen Fischgruppen und Arten repräsentieren nur einen kleinen Teil des in guten Zoohandlungen vorhandenen, umfangreichen Angebotes. Da aber unsere Auswahl nicht ohne Grund erfolgte, werden Sie bestimmte Fischtypen wiedererkennen und gewiß auch aus der Ähnlichkeit heraus in die richtige Gruppe einordnen. Man kann also aufgrund der Beschreibung der hier dargestellten Art durchaus auch die anderen, in der Zoohandlung erhältlichen Arten derselben Gattung oder Familie erkennen.

Natürlich kann man für die hier erwähnten Arten keine Erfolgsgarantie geben. Vielleicht ist es im Zeitalter fester Normen und letzter Berechenbarkeit in der industriellen Produktion durch Computer und Roboter ganz besonders reizvoll, im Aquarium mit Pflanzen und Fischen eine Welt zu erleben, in der es zwar Regeln, aber keine programmierbaren Erfolge gibt. Immer werden es auch eigene Erfahrungen sein, die man machen muß, um erfolgreicher Aquarianer zu werden.

Die wichtigsten Fischfamilien Um auch dem Anfänger zu ermöglichen, schon im Händlerbecken die einzelnen Fischarten grob in die aquaristisch wichtigsten Fischgruppen einordnen zu können, sind hier die einzelnen Familien mit je einem oder zwei Vertretern abgebildet. Man kann nämlich schon an den typischen Umrissen eines Fisches erkennen, in welche engere Verwandtschaft er gehört. Dennoch gibt es in jeder Fischgruppe natürlich untypische Arten, bei den Barschen z.B. der Skalar, der nicht so recht zu den anderen, eher langgestreckten Arten paßt. Deshalb wurden bei solchen Familien zwei typische Vertreter abgebildet, bei den Barben zum Beispiel die Sumatrabarbe als hochrückige Art, die Zebrabarbe als langgestreckte. Wo deutliche Geschlechtsunterschiede bestehen, sind sowohl das Männchen als auch das Weibchen dargestellt. Außerdem werden kurz die typischen Merkmale der jeweiligen Familie beschrieben.

Lebendgebärende Zahnkarpfen

Während die überwiegende Mehrzahl der Fische sich durch die Ablage von Eiern und Spermien vermehrt, die erst im Augenblick des Ausstoßens miteinander in Berührung kommen und verschmelzen, ist es für die Lebendgebärenden Zahnkarpfen charakteristisch, daß sich die Eier bis zum Schlupf der Jungfische im Körper der Weibchen befinden. Das setzt eine Besamung durch Begattung voraus, und so ist die Afterflosse der Männchen zu einem Begattungsorgan (Gonopodium) umgewandelt. Man erkennt dies an einer deutlich verlängerten, spitz zulaufenden Afterflosse. Beim Weibchen, das meist größer als das Männchen ist, erkennt man die Trächtigkeit an einem dunklen Fleck über dem After und am deutlich aufgetriebenen Leib.

Die Jungfische wachsen etwa vier Wochen im Mutterleib geschützt heran. Während die eierlegenden Arten oft Hunderte von Eiern hervorbringen, reduziert sich die Zahl bei den Lebendgebärenden auf meist weniger als Hundert Jungfische. Oft werden über einen längeren Zeitraum sogar täglich nur ein bis zwei Jungfische geboren, die sich sofort verstecken. Lebendgebärende Zahnkarpfen kommen in vielen Arten und Lokalformen vom südlichen Nordamerika bis zum südlichen Südamerika vor; die meisten Arten wurden in Süd- und Mittelamerika gefunden. Das aquaristische Spektrum umfaßt nur wenige Wild-, aber viele Zuchtformen, die ein Ausdruck der biologisch jungen Entwicklung dieser Fischgruppe und ihrer genetischen Instabilität ist.

Barben und Bärblinge

Die zur umfangreichen Verwandtschaft der Karpfenfische gehörenden Barben und Bärblinge sind weitgehend in Süd- und Südostasien beheimatet. Afrikanische Arten spielen in der Aquaristik nur eine untergeordnete Rolle. Alle Arten kommen unter natürlichen Bedingungen in größeren Trupps oder Schwärmen vor und sollten auch im Aquarium möglichst nicht als Einzeltier gehalten werden. Nur zur Fortpflanzung werden die Männchen kurzzeitig territorial und paaren sich mit den aus den Trupps ausscherenden laichbereiten Weibchen.

Durch ihre ständige Nahrungssuche am Boden (Gründeln) erfordert die Haltung vieler Barben leistungsstarke Filter, die die im Wasser herumwirbelnden Mulmpartikel entfernen. Bei Mangel an pflanzlichen Futterbestandteilen vergreifen sich manche Arten an zartblättrigen Wasserpflanzen. Am Mund tragen die Barben links und rechts sogenannte Barteln, mehr oder weniger lange, spitz zulaufende, fleischige Anhängsel, die auch Sinnesorgane tragen und somit die Nahrungssuche im Bodengrund erleichtern. Trotz dieser Anpassung sind Barben aber keine Grundfische, sondern leben eher im Mittelbereich des Aquariums.

Salmlerverwandte

Die Artenfülle der in Südamerika und Afrika beheimateten Salmler ist unübersehbar, denn noch immer werden neue Arten beschrieben. Für die Aquaristik sind vor allem die kleineren Arten aus den Tropen und Subtropen Südamerikas interessant, nur wenige afrikanische Arten haben Beachtung gefunden.

Salmler sind meist schlank, langgestreckt und häufig schnelle Schwimmer. Wie Barben leben auch die Salmler in Schulen, deren Verhalten im Aquarium erst in Gruppen von mindestens sechs bis zehn Stück zur Geltung kommt.

Da nur wenige Arten gründelnd am Boden nach Nahrung suchen, sind Salmleraquarien stets kristallklar, wenn Pflanzenwuchs und Futterdosierung stimmen.

Obwohl sich die meisten Salmlerarten in ihrem Fortpflanzungsverhalten kaum unterscheiden, gibt es dennoch einige durch Besonderheiten auffallende Arten. So paaren sich manche Salmler durch Spermaübergabe, so daß die Weibchen eine Zeitlang ohne Männchen befruchtete Eier ablegen können. Der Spritzsalmler springt zehn bis zwölf Zentimeter aus dem Wasser, heftet dort den Laich an überhängende Blätter und spritzt bis zur Schlupfreife auf die Eier, um sie feucht zu halten. Dieses Verhalten wurde erst durch die Aquariennachzucht entdeckt.

Eierlegende Zahnkarpfen

Die in den Tropen und Subtropen aller Kontinente außer Australien vorkommenden Eierlegenden Zahnkarpfen zeichnen sich durch eine schwer übersehbare Fülle von Arten und Lokalformen aus, die zu vielen, oft wissenschaftlich nicht endgültigen Benennungen geführt hat. Jede neue Bearbeitung kann daher Namenswechsel zur Folge haben, und man muß als Liebhaber schon längere Zeit spezialisiert sein, um noch folgen zu können. Da sich fast alle Arten kaum für die üblichen Gesellschaftsaquarien eignen, stehen die an diesen Arten interessierten Aquarianer meist untereinander in regem Erfahrungsaustausch. Sie müssen auch konzentriert an ihre Arten herangehen, weil deren Lebensdauer durch das besondere Klima in den Herkunftsgebieten und die daran angepaßte Lebensweise oft sehr kurz ist und nur eine ständige Sicherung der Nachzucht die Aquarienbestände erhalten kann.

Dennoch sind die Eierlegenden Zahnkarpfen eine lohnende Fischgruppe, denn die einzelnen Arten sind meist sehr farbenprächtig und tragen auffällige, bei den Männchen auch zipfelig ausgezogene Flossen. Besonders die Killifische haben viele Freunde gewonnen.

Streng genommen gehören die süd- und südostasiatischen Reiskärpflinge nicht zu dieser Familie, in der Praxis aber stellen sie ähnliche Bedingungen.

Welse

Keineswegs sind die dieser Gruppe zuzuordnenden Fische in Aussehen, Farbe und Verhalten einheitlich. Die letzten Jahre haben gezeigt, daß sich auch hier der Trend zur Spezialisierung durchsetzt und viele Spezialisten für die unterschiedlichen Gruppen existieren. Durch zunehmende Importe neuer und früher als unzüchtbar angesehener Arten ist gerade der Formenschatz dieser als Welse bezeichneten Fischgruppe so angewachsen, daß unsere bescheidene Auswahl nur die wichtigsten und für den Einsteiger unproblematischen Arten berücksichtigen kann.

Bis auf wenige Arten sind Welse typische Grundfische, die zudem häufig nachtaktiv sind. Im Aquarium wird diese Lebensweise jedoch häufig aufgegeben. Die kleineren und vor allem dem Anfänger zu empfehlenden Panzerwelse leben zudem häufig in kleinen Schwärmen. Auch Welse tragen wie die Barben Barteln, mit denen sie den Bodengrund nach Nahrung durchstöbern können.

In der Aquaristik sind bisher freilaichende, die Eier anheftende, Laichballen ablegende und ein Schaumnest zur Eiablage bauende Welse vermehrt worden.

1: Barben, 2: Halbschnäbler, 3: Lebendgebärende Zahnkarpfen, 4: Eierlegende Zahnkarpfen, 5: Salmler, 6: Buntbarsche, 7: Labyrinthfisch, 8: Regenbogenfisch, 9: Glasbarsch (oben) und Blaubarsch (unten), 10: Panzerwels (oben) und Blauer Antennenwels (unten), 11: Grundel

Labyrinthfische

Die Labyrinthfische fallen vor allem durch den hochrückigen Körper und die besonders bei den Männchen verhältnismäßig lang ausgezogenen Brustflossen auf.
Besonders in Süd- und Südostasien kommen die in Aquarien gehaltenen Labyrinthfische in sehr sauerstoffarmen Gewässern vor, z.B. in schlammigen Reisfeldern, daß zu den üblichen Kiemen ein zusätzliches Atmungsorgan notwendig wurde, das sogenannte Labyrinth. Mit diesem Organ können die Labyrinthfische durch Luftschnappen Sauerstoff von der Wasseroberfläche aufnehmen. Auch hier spielen die in Afrika lebenden Arten eine geringere Rolle für die Aquaristik.
Von den kleinen Zwergguramis bis zum mehrere Kilogramm schweren Riesengurami, der in Asien ein wichtiger Speisefisch ist, reicht die Größenpalette dieser interessanten Fischgruppe. Durch ihre farbenprächtigen Männchen, die zur Fortpflanzung ein Schaumnest an der Oberfläche bauen, die Eier dort einbetten und auch die Brutpflege übernehmen, sind viele Labyrinthfische populäre Aquarienfische geworden. Neuerdings erst haben maulbrütende Arten mehr Beachtung gefunden. Auch bei ihnen brüten die Männchen.

Buntbarsche

Wie die Welse stehen die Buntbarsche heute besonders im Blickpunkt der Aquaristik. Aus Südamerika, Mittelamerika, Afrika und Indien stammen diese beliebten Aquarienfische, wobei die Mehrzahl aus den südamerikanischen Flußgebieten und afrikanischen Seen eingeführt wurde. Die Zahl der Gattungen und Arten hat in letzter Zeit durch die notwendig gewordene Auflösung unübersichtlich gewordener Sammelgattungen stark zugenommen. Es kommt vor, daß im Handel die alten Gattungsnamen, zum Beispiel *Aequidens* und *Cichlasoma,* noch eine Rolle spielen, während neu aufgestellte Namen noch nicht geläufig sind, wie z. B. *Laetacara, Copora* und andere. Dies ist eine Folge neuer wissenschaftlicher Erkenntnisse, zu deren Bewältigung gerade spezialisierte Liebhaber durch Entdeckung neuer Arten und Mitteilung von Verhaltensbeobachtungen beigetragen haben.
Alle Buntbarsche pflegen ihre Brut und verteidigen das Laichrevier. An der Brutpflege können beide Elternteile gemeinsam, vorwiegend aber entweder das Weibchen oder das Männchen allein, beteiligt sein. Die zwischen den Partnern erforderliche Abstimmung wird während der Balzspiele erreicht. Paare, die sich aus mehreren Jungfischen zusammengefunden haben, sind allgemein erfolgreicher als willkürlich zusammengesetzte, die sich spätestens bei der Brutpflege zu bekämpfen beginnen.
Durch die territorialen Ansprüche können während der Vorbereitungen zum Laichen und bei der Brutpflege vorher gut harmonierende Gesellschaftsaquarien in große Unruhe versetzt werden. Damit muß man bei Buntbarschen immer rechnen. Die anfängliche Harmonie betrifft Jungfische vor der geschlechtlichen Reife, wie man sie im Handel erhält. Auch das Entwurzeln von Pflanzen und das Ausheben tiefer Gruben mit Sichtschutz zur vorderen Scheibe machen das im Wohnzimmer stehende Schauaquarium nicht attraktiver. Das zwingt zu Überlegungen beim Besatz eines Gesellschaftsaquariums, weil einfach nicht alle Arten zusammenpassen.
Aus diesen Problemen entstehen die generellen Vorurteile gegen Buntbarsche, obgleich es genügend Arten gibt, die sich gut einfügen lassen.

Regenbogenfische

Zusammen mit den nahe verwandten Ährenfischen sind die Regenbogenfische wahrscheinlich aus dem Meer eingewanderte Süßwasserfische. Man erkennt diesen Verwandtschaftskreis an den stets vorhandenen zwei Rückenflossen, von denen die erste weniger, die zweite mehr Flossenstrahlen enthält.
Alle Arten sind Dauerlaicher, die längere Zeit

hindurch täglich mehr oder weniger viele Eier in der Nähe von feinfiedrigen Pflanzen abgeben, in denen sie durch Fäden hängenbleiben. Ohne Beifische gehalten, ergänzt sich ein solcher Bestand laufend. Die Vergesellschaftung mehrerer Arten führt fast immer auch zu Kreuzungen, die durchweg weniger attraktiv als die Ausgangsarten sind. Manche mit klangvollem Handelsnamen eingeführte „neue Art“ erwies sich später als Kreuzung.

Halbschnäbler

Im Süß- und Brackwasser südostasiatischer Kleingewässer schwimmen in Oberflächennähe oder direkt an der Oberfläche kleine und mittelgroße Arten, deren Unterkiefer weit über den oft nur kurzen Oberkiefer hinausragt, was auch zu der Bezeichnung „Halbschnäbler“ führte. Sie leben von den massenhaft vorhandenen Mückenlarven, die sie mit diesem eigenartigen Maul besonders gut pakken können. Im Aquarium nehmen sie zwar gefrostete Mückenlarven an, werden aber besser zusätzlich mit leicht züchtbaren Kleinfliegen ernährt, weil es bei ungenügender Nährstoffversorgung zu Mangelerscheinungen bei den Jungfischen kommt: Sie werden zwar zum richtigen Zeitpunkt geboren, sind aber dann oft noch unreif. Trotz sehr ähnlicher biologischer Voraussetzungen für die Geburt lebender Jungfische haben sie mit den eingangs vorgestellten Lebendgebärenden Zahnkarpfen nichts zu tun.

Barschähnliche Arten

Während manche Fischfamilien Hunderte von Arten mit Aquarieneignung enthalten, sind es bei anderen nur einzelne. So bei den Glas- und Blaubarschen, deren Verbreitung in Aquarien nicht mehr allzu groß ist. Das hängt mit der heute üblichen Fütterung zusammen, die weitgehend auf industriell gefertigtem Trockenfutter oder schockgefrostetem Lebendfutter beruht. Lebende Futtertiere, die es früher in jedem Dorfteich gab, stehen meist nicht jeden Tag zur Verfügung. Da aber auch die kleinsten Barscharten Raubfische sind, reagieren sie nur auf lebende Beute und nehmen oft nicht einmal gefrostete Futtertiere an. Die Zucht entsprechend großer Futterkrebse oder Futterfischzuchten macht viel Mühe und ist mit Kosten verbunden, die den Durchschnittsliebhaber veranlassen, auf solche Arten zu verzichten.

Grundeln

Die weltweit im Meer-, Brack- und Süßwasser lebenden Grundeln sind, obgleich viele Arten importiert und in letzter Zeit auch einige gezüchtet werden konnten, eine Fischgruppe, in der noch ein großer Kenntniszuwachs zu erwarten ist. Auch die neuerdings erzielten Zuchterfolge haben keine „Welle“ ausgelöst, sondern es ist weiterhin eine große Zurückhaltung der Liebhaber zu verzeichnen. Das geht sogar so weit, daß gut züchtbare Arten wieder verschwunden sind und daher mit jedem neuen Import die „Erstzucht“ wieder beginnt, weil die eingeführten Fische nicht unbedingt aus dem gleichen Gebiet stammen müssen und daher oft verschiedene Anforderungen an Haltung und Zucht stellen. Im Aquarium bewohnen die Grundeln weitgehend den Bodengrund und verbergen sich zwischen Wurzeln und Steinen, nehmen aber auch Höhlen oder hohle Röhren (Bambus) an. Mit Trockenfutter allein sind sie nicht zufrieden, gefrostete Futtertiere aber werden nach Eingewöhnung angenommen.

Jungfische müssen lebendes Erstfutter weit unter der üblichen Salinenkrebschengröße erhalten, und das ist mit mehr Mühe verbunden, als man für die Aufzucht anderer Aquarienfische aufwenden muß.

100 Fischarten für Aquarieneinsteiger

Black Molly, Poecilia (Mollienesia) sphenops. Die samtschwarze Zuchtform des Spitzmaulkärpflings ist einer der beliebtesten Aquarienfische. Ständig auf Futtersuche, verwerten die lebhaften Tiere Futterreste, abgestorbene Pflanzenteile und Algen. Sie sollten deshalb unbedingt zur ersten Besetzung eines neu eingerichteten Aquariums gehören, um entstehende Algenbeläge an der Ausbreitung zu hindern. Unter den recht groß geborenen Jungfischen sind stets einige graue Exemplare, die beim Heranwachsen schwarze Flecke zeigen. Das sind Rückschläge auf die Wildform, die robuster als die schwarzen Geschwister sind. Da sie von der gewünschten Zuchtform abweichen, werden sie oft an räuberische Arten verfüttert.

Gelber Wagtailplaty, Xiphophorus maculatus. Wie von Schwertträgern und Papageienkärpflingen, sind im Handel viele Zuchtformen von Platys anzutreffen. Leider sind sie alle untereinander kreuzbar. Das hat, bei richtiger Anwendung der Vererbungsregeln, zu attraktiven Zuchtformen geführt, bringt aber die Gefahr unkontrollierter Kreuzungen mit sich. Deshalb sollte nur eine Zuchtform einer dieser Arten gehalten werden! Platys brauchen nur wenig Schwimmraum und sind daher für kleine Aquarien besser geeignet. Inzuchtschäden kann man durch Einkreuzung fremder Gelbstämme vorbeugen, da die Zeichnungsmuster und alle Körpergrundfarben (außer Albino) über Gelb dominant vererbt werden.

Guppy, Millionenfisch, Poecilia (Lebistes) reticulata. Von diesem wohl bekanntesten und am leichtesten zu haltenden Aquarienfisch gibt es eine Vielzahl von Zuchtformen, die nach Flossenformen und Farbtypen unterschieden werden. Im Gegensatz zur mühellosen Pflege und Vermehrung erfordert die systematische Zucht einheitlicher Stämme Grundkenntnisse der Genetik, mehrere Aquarien zur getrennten Aufzucht der Jungfische, sorgfältiges Auswählen der Zuchttiere, Geduld und Erfahrung. Nicht zufällig begleiten deshalb Guppys langjährige Aquarianer von der Anfängerzeit bis ins hohe Alter. Dem Zuchtziel nicht entsprechende oder überzählige Exemplare bilden vielfach die Futtergrundlage für räuberische Arten.

Lebendgebärende Zahnkarpfen

Jamaikakärpfling, Poecilia (Limia) melanogaster. Leider sieht man den meist noch unausgefärbt angebotenen Jungfischen nicht an, wie prächtig erwachsene Tiere werden, wenn sie ein tief tintenblauer Glanz überzieht. Da sich ihre Paarung unter blitzschnellen Schwimmbewegungen vollzieht, besteht in zu kleinen Aquarien die Gefahr des Herausspringens, wenn die Deckscheibe in den Ecken nicht genau paßt. Sie sind mit anderen Arten der Untergattung *Limia* kreuzbar, können aber mit Guppys, Platys, Schwertträgern und Mollys ohne Bedenken zusammengehalten werden. Alle Lebendgebärenden konkurrieren aber miteinander um die Algen und benötigen daher zusätzlich pflanzliches Futter.

Papageienkärpfling, Xiphophorus variatus. Die vielen Zuchtformen des Papageienkärpflings liegen in der Größe zwischen den kleineren Platys und den größeren Schwertträgern. Bei Stämmen mit roter oder gelber Körpergrundfarbe sind auch die Weibchen farbig, während bei den der Wildform ähnlichen Blauspiegelstämmen die Weibchen meist grau sind. Mehr als Platys und Schwertträger benötigen sie pflanzliche Nahrung und sind deshalb ausgezeichnete Algenbekämpfer. Da sie auch niedrigere Temperaturen und große Temperaturschwankungen problemlos vertragen, können sie von Mai bis September in Freilandteichen gehalten werden. Dort aufwachsende Jungfische werden besonders farbintensiv.

Schwertträger, Xiphophorus helleri. Die meisten im Handel angebotenen Schwertträger sind Zuchtformen. Durch Kreuzung mit Platy-Farbformen entstanden rote, gelbe oder grüngraue Tiere mit schwarzen Zeichnungsmustern auf dem Körper und den Flossen. Auch bei Schwertträgern liegt die Problematik guter Zuchtergebnisse mehr im Bereich der Genetik, denn wahlloses Kreuzen der Farb- und Flossentypen führt zu unansehnlichen Nachzuchten. Inzuchtschäden kann man durch Einkreuzung gelber Fremdstämme vorbeugen, da alle Zeichnungsmuster und die Körpergrundfarbe des Zuchtziels dominant vererbt werden. Durch ihre Bewegungsintensität benötigen Schwertträger Aquarien von mindestens 100 cm Länge.

Zwergkärpfling, Heterandria formosa. Auch in kleinen Aquarien von nur wenigen Litern Inhalt lassen sich diese winzigen Fische, deren Männchen nur etwa 15 Millimeter groß werden, erfolgreich halten und vermehren. Die dreimal so großen Weibchen setzen fast an jedem Tag ein bis zwei Jungfische ab, von denen stets einige überleben. Zur Vergesellschaftung mit anderen Aquarienfischen sind sie aber kaum geeignet, weil die sehr kleinen Männchen und die Jungfische nur in dicht bepflanzten Aquarien überleben können. Für Spezialisten oder Besitzer von Mini-Aquarien auf dem Schreibtisch oder auf der Fensterbank (Vorsicht bei Überhitzung) sind es aber ideale Fische mit minimalem Aufwand.

Barben und Bärblinge

Brokatbarbe, Barbus semifasciolatus. Während die eigentliche Ausgangsart, die Messingbarbe, gegenwärtig nur von wenigen Liebhabern gehalten wird, sieht man die goldgrün schimmernde Brokatbarbe im Handel recht häufig. Wie bei allen Zuchtformen hängt die Farbqualität der Fische stark von der sorgfältigen Auslese des Züchters ab. Da die Zucht nicht schwierig ist, sind auch Brokatbarben gut für erste Zuchtversuche geeignet. Da die Elterntiere gierige Laichräuber sind, muß man sie durch dichte Pflanzenbüschel, Kies oder Laichroste am Verzehren der Eier hindern und sie sofort nach der Eiablage herausfangen. Die Jungfische suchen selbst nach Futter und sind daher leicht aufzuziehen.

Eilandbarbe, Barbus oligolepis. Fast ständig im Angebot, wird auch dieser ausgefärbt attraktive Fisch vom suchenden Liebhaber meist übersehen, weil die bräunlichgrauen Jungfische noch nicht erkennen lassen, daß die erwachsenen Tiere zur blauschwarzen Färbung blutrote Flossen tragen. Eilandbarben sind im Vergleich zu anderen Barbenarten recht ruhige Fische, die zwar auch gründeln, dabei aber keineswegs „Staubwolken“ aufwirbeln wie die meisten schneller schwimmenden Arten. Pflegt man eine Gruppe dieser Art in einem stellenweise dicht bepflanzten Aquarium für sich ohne andere Fische, so kommen stets einige Jungfische durch, so daß der Bestand regelmäßig ergänzt wird.

Feuer- oder Odessabarbe, Barbus ticto subspec. Die Herkunft dieser seit etwa 20 Jahren im Handel vertretenen Art ist noch immer unbekannt. Sie wurde von russischen Seeleuten nach Europa gebracht und von Odessa aus verbreitet. Einzelne Paare bleiben grau, nur die Anwesenheit mehrerer Männchen garantiert das breite rote Farbband, den blaugrünen Rücken und die ausgeprägte Punktzeichnung der schwarz gerandeten Flossen. Diese Barbe verträgt auch große Temperaturschwankungen und tiefere Temperaturen und wurde schon im Sommer in Gartenteichen gehalten und aufgezogen. Es kamen auch schon schleierflossige Tiere in den Handel, die aber unfruchtbare Hybriden aus Kreuzungen mit Prachtbarben waren.

Kardinalfisch, Tanichthys albonubes. Einer der unkompliziertesten Aquarienfische, der bei Haltung im kleinen Schwarm durch prächtige Flossenspiele auffällt und sich als Dauerlaicher ohne Zutun des Aquarianers ständig vermehrt, ist der in zwei Farbformen angebotene Kardinalfisch. Häufiger sieht man Tiere mit roten Flossenrändern und gelben Flossenfeldern, die andere Variante zeigt rote Felder und weißblaue Ränder der Flossen. Durch Vermischung sind auch Hybriden im Handel, deren Nachzucht wieder aufspaltet. Schließlich wurden auch Tiere mit Schleierflossen eingekreuzt, so daß es Kardinalfische für jeden Geschmack gibt. Die Aufzucht der Jungfische gelingt mühelos mit staubfeinem Trockenfutter.

Keilfleckbärbling, Rasbora heteromorpha. Vor zehn bis zwanzig Jahren war dieser kleine Fisch eine kostbare Rarität, weil die Nachzucht einfach nicht gelingen wollte. Er galt als empfindlich, die Importe starben, und schon die mehrmonatige Haltung galt als Erfolg. Heute kann man hervorragende Nachzuchten überall für wenig Geld bekommen, und ein Schwarm dieser prächtig violettrot schimmernden Fische ist eine Zierde für jedes Aquarium und auch von wenig erfahrenen Liebhabern gut zu halten. Diese Art mag keine lebhaften Beifische und zieht sich bei Beunruhigung sofort in die Pflanzenbestände zurück. Am besten sind der Perlmutt- und der Schwanzfleckbärbling zur Vergesellschaftung geeignet.

Perlmuttbärbling, Rasbora vaterifloris. Obgleich fast ständig im Angebot, hat sich diese schöne Art bei den Liebhabern noch nicht so recht durchgesetzt. Sicherlich hängt dies mit falscher Haltung zusammen, denn in überbesetzten Gesellschaftsaquarien bleiben die scheuen Fische blaß und leben versteckt. Allerdings sind die importierten Perlmuttbärblinge oft nicht in bester Verfassung, und man sollte die Fische besser ein paar Tage beobachten, ehe man sich zum Kauf entschließt. Eingewöhnt sind sie nicht heikler als Keilfleckbärblinge, mit denen sie auch am besten zusammenpassen. Gelegentlich gelingt sogar die Nachzucht, wenn ein Trupp für sich in einem dicht bepflanzten Aquarium gehalten wird.

Prachtbarbe, Barbus conchonius. Die farbenprächtige Prachtbarbe ist einer der ältesten Aquarienfische, war immer beliebt und hat durch die Zucht einer schleierflossigen Form vor etwa 20 Jahren weitere Liebhaber gefunden. Allerdings unterscheiden sich die Zuchtstämme in der Farbintensität, so daß man nicht kritiklos an die im Handel angebotenen Fische herangehen sollte. Gute Männchen sind wie lackiert rot auf den Körperseiten, grün am Rücken und haben sattschwarze Flossenränder. Mit Prachtbarben haben viele Aquarianer ihren ersten Zuchtversuch unternommen und meist auch erfolgreich bestanden, da die Jungfische zwar klein sind, aber mit feinem Trockenfutter aufgezogen werden können.

Purpurkopfbarbe, Barbus nigrofasciatus. Diese spät ausfärbende Art ist etwas für geduldige Menschen. Im Handel bekommt man meist nur graue Jungfische mit schwarzen Querbinden. Künftige Männchen sind an der breiten und unscharf begrenzten Mittelbinde zu erkennen. Die Prachtfärbung setzt erst ein, wenn die Tiere fast ein Jahr alt sind, also vier bis sechs Monate nach dem Kauf. Dafür hat man an ihnen viele Jahre Freude, denn sie leben bis zu zehn Jahre und sind ständig aktiv, vor allem, wenn mehrere Männchen vorhanden sind und öfter ein Wasserwechsel von etwa einem Drittel des Aquarieninhalts geboten wird. Mit anderen Barbenarten gleicher Größe vertragen sie sich ausgezeichnet.

Schwanzfleckbärbling, Rasbora urophthalma. Üblicherweise kauft man im Handel Jungfische, die geschlechtlich nicht differenziert sind. Dieser kleine Bärbling aber kommt schon fast ausgewachsen zum Verkauf und würde für größere Arten nicht einmal ein sättigender Happen sein. Wer aber nur Platz für kleine Aquarien hat oder überhaupt kleinbleibende Arten mag, dem kann man diese anspruchslosen, eingewöhnt aber sehr schönen Fische empfehlen. Höchstens Keilfleck- oder Perlmuttbärblinge kann man mit ihnen vergesellschaften. Bei der Haltung eines kleinen Trupps kommen aber im Javamoosgebüsch durchaus auch ein paar Jungfische durch, die, sobald sie sich ruhig schwimmend zeigen, nicht mehr verfolgt werden.

Siamesische Rüsselbarbe, Crossochilus siamensis. Obgleich farblich nur bescheiden, ist dieser Fisch unentbehrlich für die Aquaristik. Gründlicher als alle anderen algenverzehrenden Arten sucht ein Trupp dieser schlanken Fische ständig die Blätter, Wurzeln und Steine nach Bewuchs ab und frißt dabei auch die lästige Pinselalge, die von anderen Arten verschmäht wird. Da die Nachzucht noch nicht gelang, sind alle angebotenen Tiere Importe und nur jahreszeitlich bedingt im Handel zu haben. Sollten die Fische nach einigen Jahren zu groß geworden sein, erkundigen Sie sich am besten nach einem Züchter, der für seine Versuche möglicherweise Ihre Tiere gebrauchen kann.

Stirnstrich- oder Bitterlingsbarbe, Barbus titteya. Ruhig schwimmend, wenig gründelnd und klein bleibend ist die auch als Titteya-Barbe bezeichnete Art. Es gibt davon zwei Farbtypen. Häufiger wird ein Farbschlag mit intensiv roten Männchen zu haben sein, seltener der, dessen Männchenfärbung durch grünblau schimmernde Flanken und weinrote Flossen zum Namen Bitterlingsbarbe geführt hat. Auch von diesen Fischen sieht man nur bei der Haltung mehrerer Paare die mögliche Prachtfärbung, während einzelne Männchen blaß bleiben. Für sich gehalten, kommen in dicht bepflanzten Aquarien immer Jungfische auf und ergänzen ständig den Bestand der recht kurzlebigen Art.

Sumatra- oder Viergürtelbarbe, Barbus tetrazona. Mit strahlendem Gelb, schwarzen Querbinden und blutroten Flossen sind schon die Jungfische auffallend und als Grundbesatz eines Gesellschaftsaquariums beliebt. Ihrem Ruf, andere Fische herumzujagen, begegnet man am besten durch den Kauf von mindestens zehn Tieren, die so miteinander beschäftigt sind, daß andere unbehelligt bleiben. Arten mit langausgezogenen Flossen aber sind vor ihnen nicht sicher, und man muß sich rechtzeitig entscheiden, welche Fische man mit ihnen zusammen pflegen will. Bei schwarzgrünen und albinotischen Zuchtformen muß man auf Qualität achten, denn die Ausgangsform sieht oft besser aus als schlechte Stämme der Zuchtformen.

Zebrabärbling, Brachydanio rerio. Wer einen Schwarm schnellschwimmender und stets quirlig lebendiger Fische mag, sollte Zebrabärblinge oder andere *Brachydanio*-Arten halten. In Gesellschaftsaquarien bevorzugen sie die Oberfläche, für sich gehalten, sind sie in allen Bereichen des Aquariums zu finden. Fast täglich kann man sehen, wie die laichbereiten Männchen Einzelreviere besetzen und Weibchen anlocken, aber trotz vieler Laichakte kommt niemals ein Jungfisch auf, weil sich die nicht beteiligten Fische stets gierig auf die herumwirbelnden Eier stürzen. Andererseits gelingt die Zucht leicht, wenn man ein Weibchen mit zwei bis drei Männchen in ein dicht bepflanztes Kleinaquarium setzt.

Salmlerverwandte

Afrikanischer Breitbandsalmler, Neolebias ansorgei. In den Liebhaberbecken findet man nur wenige afrikanische Salmler. Die Angehörigen der Gattung *Neolebias* sind im Körperbau zwar etwas kräftiger, erinnern aber durch ihren schnellen Flossenschlag und ihr Verhalten stark an die Ziersalmler aus Südamerika. Ohne Hast, aber in ständiger Bewegung, durchziehen sie in Bodennähe die Pflanzen und sind immer auf Nahrungssuche. Zur Fortpflanzungszeit, die man durch Wasserwechsel mit kühlem Wasser auslösen kann, besetzt ein Männchen in voller Färbung ein kleines Revier, in das es nur laichbereite Weibchen einläßt. Es kann vorkommen, daß ein Männchen mit sämtlichen Weibchen laicht.

Blutflossensalmler, Odontostilbe piaba. Wem Rautenflecksalmler zu groß werden, der kann mit dieser kleinen, erst neuerdings öfter nachgezüchteten Art das gleiche Aussehen mit einem großen Vorteil verbinden: Die am Körper silbern glänzenden Fische besitzen blutrote Flossen und einen schwarzen Schwanzwurzelfleck. Sie vergreifen sich nicht an Wasserpflanzen, bilden einen stets munteren Schwarm und sind nicht so heikel, wie viele Neuheiten. Allerdings gibt es auch Stämme mit blassen Flossen, die sich jedoch nicht durchsetzen, wenn man sie beim Kauf ablehnt. Wenn die Männchen einen violetten Glanz aufweisen, steht das Ablaichen unmittelbar bevor. Die Aufzucht der Jungfische ist nicht schwierig.

Gelber von Rio, Hyphessobrycon bifasciatus. Normal gefärbte Fische dieser Art werden nur selten gepflegt. Oft aber sind Tiere mit auffälligem Gold- oder Silberglanz im Handel, die jedoch nicht immer zutreffend bezeichnet sind. Solche „Goldsalmler" sind zwar sehr attraktiv, aber ihr Glanz ist Ausdruck eines überstandenen Parasitenbefalls. Durch den Einschluß der Fremdkörper und folgende Farbeinlagerungen (schwarze Pigmente und das glänzende Guanin) kann die Haut stellenweise flächig silbern oder golden schimmern. Der Befall ist nicht ansteckend für die anderen Aquarienbewohner, und er wird auch nicht an Jungfische weitergegeben, weil Zwischenwirte fehlen. Die Nachzucht ist gesund und normalfarben.

Großer Ziersalmler, Nannostomus beckfordi. Nicht so quirlig wie Bärblinge, aber trotzdem ständig lebhaft, durchziehen die Ziersalmlerarten das Aquarium in Oberflächennähe. Dabei rivalisieren die Männchen in Prachtfärbung, heftig mit den Flossen vibrierend, und ständig kommt es in feinfiedrigen Pflanzen zu Eiablagen. Allerdings entgeht kaum ein Ei den aufmerksamen Schwarmmitgliedern, die arge Laichräuber sind. Sie vertilgen mit ihren kleinen Mäulern vor allem kleines Futter, bewältigen aber auch mittelgroße Mückenlarven. Bei zu hoher Temperatur verfallen die kurzlebigen Arten recht schnell und werden kaum zwei Jahre alt, höchstens 25 °C sagen ihnen am besten zu.

Kupfersalmler, Hemigrammus nanus. Viele Salmler werden als Schwarmfische bezeichnet, sie sind es aber oft nur im Jungfischstadium. Kupfersalmler jedoch sind tatsächlich nur im Schwarm ansehnlich, weil nur dann die Männchen kupferrot strahlen, der Schwanzstiel schwarz überlaufen ist und die Flossenspitzen porzellanweiß leuchten. Der wissenschaftliche Name hat in der Vergangenheit mehrfach gewechselt, und man kann in älterer Literatur und im Handel noch immer den gleichen Fisch unter dem Namen *Hasemania marginata, H. melanura* und *H. nana* finden. Im Gesellschaftsaquarium orientiert sich der Trupp stets im oberen Mittelbereich und läßt sich durch Beifische nicht stören.

Neonsalmler, Paracheirodon innesi. Wie Guppy und Skalar, so kennt wohl jeder auch den Neonsalmler. Sie entfalten ihren blaugrünen Glanz am besten in Aquarien mit dunklem Bodengrund und wirken erst in einem Schwarm von mindestens zwanzig Tieren. Neben der abgebildeten Art gibt es inzwischen zwei weitere: den durch seine breite rote Farbzone sogar noch attraktiveren Roten Neon, *Paracheirodon axelrodi,* und den seltener angebotenen Blauen Neon, *Paracheirodon simulans,* die alle bei gleichen Ansprüchen zwar heute unkompliziert in der Haltung, aber immer noch nicht leicht zu züchten sind. Der rot leuchtende Glühlichtsalmler, *Hemigrammus erythrozonus,* ist ein gut geeigneter Beifisch.

Roter von Rio, Hyphessobrycon flammeus. Seit nunmehr 70 Jahren erfreuen sich die Liebhaber an diesem unkomplizierten Salmler, der wie Prachtbarbe und Zebrabärbling ein idealer Fisch für erste Zuchtversuche ist. Auch im Gesellschaftsaquarium „flattern" die balzenden Männchen fast täglich werbend um die Weibchen herum, so daß man die reizenden Paarungsspiele gut beobachten kann. Das tiefe Rot gut ausgefärbter Tiere ist von einer anderen Farbwirkung als das anderer roter Salmler, so daß man besser kontrastierende Arten beigesellen sollte. Zur Zucht genügen kleine Aquarien mit dicht bepflanzten Ecken. Das Paar muß nach dem Laichen sofort herausgefangen werden.

Rotflosser, Aphyocharax rathbuni. Schlanke Schwarmfische für den Oberflächenbereich sind diese ähnlich wie Neonsalmler leuchtenden Rotflosser. Ohne hastig zu wirken, ziehen sie ständig mit den Flossen vibrierend durch die Pflanzen und suchen nach Futter. Dabei finden sie natürlich auch jedes Ei, das von den Laichabgaben in den Pflanzen hängengeblieben ist. Die Art ist noch nicht lange im Angebot und wird ab und zu importiert. Häufiger sieht man eine nahe verwandte Art, *Aphyocharax anisitsi,* deren Körper silberblau glänzt, während die Flossen blutrot sind. Bei der Zucht muß man mit einem Laichrost versuchen, die Eier vor dem Zugriff der Elterntiere zu schützen.

Schmucksalmler, Hyphessobrycon bentosi. Durch seine imponierend aufgestellten Flossen, mit denen sich die Männchen geradezu segelnd umkreisen, hat der Schmucksalmler viele Liebhaber gewonnen. Auch eine andere Bezeichnung findet man mitunter im Handel: *H. ornatus.* Eine nahe verwandte Art mit sichelförmig ausgezogener, rußschwarzer Afterflosse trägt den Handelsnamen *H. robertsi.* Die Schwimmspiele sind ritualisierte Territorialkämpfe – damit sind Schmucksalmler keine Schwarmfische, denn sie teilen die Bodenzone untereinander auf. Dennoch sollte man mehrere Paare halten, denn ein Männchen allein hat sonst keinen Anlaß, sich von seiner schönsten Seite zu präsentieren.

Schrägsteher, Nannostomus eques. Diese sich ruhig in dichten Pflanzenbeständen aufhaltenden Fische gehen im Gesellschaftsaquarium unter und zeigen sich kaum. Mit einer weiteren ruhigeren Art am Boden oder im Mittelwasser aber kommen sie gut zurecht und wirken durch ihre interessante Schwimmhaltung. Hält man sie in einem gut bepflanzten Aquarium für sich allein, so können sogar einige Jungfische durchkommen. Deren schmutziggraue Tarnfärbung läßt sie neben der schrägen Schwimmweise wie kleine Holzstückchen aussehen, so daß sie erst spät als Jungfische erkannt werden. Wasserpflanzenliebhaber können sich mit einem Trupp Schrägsteher die Überraschung selbstgezüchteter Jungfische bereiten.

Schwarzer Flaggensalmler, Hyphessobrycon herbertaxelrodi. Erst seit etwa 30 Jahren kennt man diesen kontrastreich schwarz und grün gefärbten Salmler, der am besten im Schwarm zu mindestens zehn Tieren gehalten werden sollte. Vorher nahm der Dreibandsalmler *Hyphessobrycon heterorhabdus* den gleichen Stellenwert ein. Beide Arten sind etwas für ruhige Gesellschaftsaquarien, in denen höchstens noch eine zweite Salmlerart, einige Panzerwelse oder eine Gruppe von Oberflächenfischen gehalten wird. Schnelle Schwimmer mögen sie nicht und verstecken sich. Die viel kleineren und sehr schlanken Männchen vertragen den Transport schlecht, so daß oft nur Weibchenschwärme zum Verkauf gelangen.

Schwarzer Phantomsalmler, Megalamphodus megalopterus. Mit einer keulenförmigen Rückenflosse und einer breit und tief verlängerten Afterflosse sind die schwarzen Männchen der Blickfang eines Salmleraquariums. Bei Störungen, und deshalb oft auch im Händleraquarium, bleiben sie grau, so daß die Weibchen durch ihre rötliche Färbung fast attraktiver wirken. Jungfische kann man an der Fettflosse unterscheiden, die bei künftigen Männchen grau, bei Weibchen kirschrot sind. Rote Phantomsalmler, *Megalamphodus sweglesi,* haben nur die vergrößerten Rückenflossen der Männchen, bestechen aber durch intensiv ziegelrote Färbung. Beide Arten sind schwierig zu züchten, aber unkompliziert in der Haltung.

Spritzsalmler, Copella arnoldi. Wer weniger an Prachtfarben, umso mehr aber am interessanten Fortpflanzungsverhalten von Fischen interessiert ist, muß einmal Spritzsalmler erlebt haben. Die Paare springen aus dem Wasser an Blätter (oder an die Deckscheibe) und legen dort den Laich ab. Das Männchen befeuchtet die Eier zielsicher durch Wassertropfen, die es regelmäßig durch Schwanzschläge dorthin schleudert. Mit einem Schwimmpflanzenpolster, das man nach dem Schlupf der Larven abschöpft, gewinnt man die herabfallenden Jungfische, die sonst im Aquarium nicht überleben würden. Da die Männchen fast ständig paarungsbereit sind, sollten pro Männchen mindestens drei Weibchen gehalten werden.

Zwergdrachenflosser, Corynopoma riisei. Manche Salmler besitzen die Eigenschaft einer Vorratsbesamung der Eier. Es ist damit möglich, daß Weibchen den Laich ohne Männchen absetzen. Die Eiablage erfolgt meist unter einem breiten Blatt. Die Paarung vollzieht sich in jedem Gesellschaftsaquarium nach auffälligen Schwimmspielen, bei denen das Männchen einen Kiemendeckelfortsatz abspreizt. Während das Weibchen nach dessen dunkler Spitze schnappt, kommt das Männchen in die Paarungsposition, und mit einem schnellen Körperkontakt wird die Begattung vollzogen. Der einmaligen Paarung können bis zu zehn Laichabgaben folgen, bei Anwesenheit anderer Fische aber geht das Gelege stets verloren.

Eierlegende Zahnkarpfen

Fächerfisch, Cynolebias belottii. Wie die Prachtgrundkärpflinge müssen auch die Fächerfische das regelmäßige Austrocknen ihrer Heimatgewässer durch große Mengen von Laich im Schlamm kompensieren. Mit dem ersten Regenfall nach einer mehrmonatigen Trockenperiode schlüpfen die Jungfische, reifen innerhalb von zwei bis drei Monaten heran, laichen und sterben nach einem knappen halben Jahr schon wieder. Im Aquarium hat man an diesen prächtigen Fischen nur Freude, wenn man sie durch ständige Nachzucht erhält und ihren natürlichen Lebensrhythmus nachahmt. In Gesellschaftsquarien erlebt man meist nur das Absterben der schönen Tiere, die ihren Höhepunkt bereits hinter sich haben.

Floridakärpfling, Jordanella floridae. Besser als die chemische Algenbekämpfung ist das Einsetzen von algenfressenden Fischen ins Aquarium. Einer der besten Algenvertilger ist der Floridakärpfling, der außerdem sehr anpassungsfähig ist. Dabei wird die Art groß genug, so daß ihr auch größere Fische nicht gefährlich werden, ist aber selbst zu kleinsten Aquarienfischen friedlich. Die Männchen treiben eine gewisse Brutpflege, indem sie den Laichort, ein Pflanzenbüschel, bewachen. Die recht kleinen Jungfische aber müssen gesondert aufgezogen werde. Die besten Exemplare wachsen den Sommer über in Freilandteichen heran, von Mai bis September halten sie diese Temperaturen aus.

Kubabachling, Rivulus cylindraceus. Bachlinge gelten als träge und schwimmfaul, Kubabachlinge sind aber lebhaft, treiben ihre Liebesspiele meist in Bodennähe und passen in ein Gesellschaftsaquarium mit mittelgroßen Salmlern. Da sie Jungfische von Lebendgebärenden Zahnkarpfen jagen, sind sie gut zur Kontrolle überhandnehmender Guppy-Bestände. Die recht großen Eier gestatten es, das Heranwachsen der Embryonen unter einer Lupe zu verfolgen, bis der dunkel pigmentierte Jungfisch nach etwa zwölf Tagen schlüpft. Andere Arten der Gattung sind fast durchweg ebenso leicht zu halten. Wichtig ist aber eine gute Abdeckung des Aquariums, da sie durch die kleinste Fuge herausspringen können.

Prachtgrundkärpfling, Nothobranchius foerschi. Alle Prachtgrundkärpflinge sind etwas für experimentierfreudige Liebhaber. Ihre Lebenszeit ist kurz, da sie in periodisch austrocknenden Gewässern vorkommen. Sie leben leider höchstens ein Jahr, laichen ständig im Bodengrund ab, und mitunter liegt ihr Laich länger in fast trockenem Schlamm als die Fische am Leben sind. Je nach Art kann die Eientwicklung zwischen zwei und zehn Monaten dauern, und die meist von Spezialisten gehaltenen Tiere zwingen zur stetigen Nachzucht. Im Gesellschaftsaquarium sieht man nur die ständig laichbereichten Männchen kämpfen, die Weibchen verstecken sich und sterben meist unbemerkt.

Prachtkärpfling, Aphyosemion australe. Stark verkrautete Kleinaquarien sind am besten für die Haltung dieser in zahlreichen Arten und nach Fundorten recht unterschiedlich gefärbten Rassen geeignet. In Gesellschaftsaquarien leben sie meist versteckt und zeigen ihre Farbenpracht nicht. Auch ist ihre Lebensdauer begrenzt, und so laichen sie fast täglich. Sie werden fast ausschließlich von spezialisierten Aquarianern gepflegt, die viele kleine Aquarien besitzen und ständig Jungfische in allen Altersstufen aufziehen. Ihre Mühe wird oft gefährdet, weil aus noch ungeklärten Gründen zeitweilig viele Männchen und wenige Weibchen oder umgekehrt aufwachsen und der Fortbestand dadurch fraglich wird.

Querbandhechtling, Epiplatys dageti monroviae. Mit seiner mittleren Größe ist der Querbandhechtling für nahezu jedes Gesellschaftsaquarium geeignet, freilich räubert er unter den Jungfischen Lebendgebärender Zahnkarpfen. Deshalb wird die Art auch oft zur Begrenzung der Guppy-Bestände gehalten. Bei Paarhaltung leidet das Weibchen unter dem ständig treibenden Männchen. Besser ist es daher, mehrere Weibchen zu halten. Der Laich kann mit Schwimmpflanzen abgeschöpft und in einem kleinen Glas zur Entwicklung gebracht werden. Die Aufzucht der kleinen, zunächst glashellen Jungfische erfordert aber etwas Mühe und kleines Futter. Im Gesellschaftsaquarium kommt kaum einer der vielen Jungfische auf.

Reiskärpflinge, Oryzias species. Die seltener gehaltenen, glasig durchsichtigen und empfindlich wirkenden Reiskärpflinge sind zwar robuster als man glaubt, doch sollte man sie nur mit ruhigen und kleinbleibenden Beifischen vergesellschaften. Besser ist aber ein Trupp für sich allein in einem gut bepflanzten Aquarium. Sie orientieren sich im Schwarm gegen die Strömung und laichen nahezu täglich. Die Weibchen tragen zwei Eitrauben noch einige Stunden mit sich herum, ehe sie in feinfiedrigen Pflanzen abgestreift werden. Ihr Nahrungsbedarf wird wegen der zarten Erscheinung meist unterschätzt, deshalb entstand die Meinung, Nachzuchtfische würden nicht mehr so groß wie die Importtiere.

Streifenhechtling, Aplocheilus lineatus. In einem Gesellschaftsaquarium mit großen Buntbarschen, Labyrinthfischen oder Barben kann ein Trupp dieser hechtartigen und räuberischen Hechtlinge die Oberfläche beleben. Es ist aber zu berücksichtigen, daß Fische von Guppymännchen-Größe als Beute angesehen werden. Den ausgewachsen prachtvoll glänzenden Männchen sollten mehrere Weibchen zugesellt werden, da Streifenhechtlinge bei Wohlbefinden täglich treiben und laichen. Die recht großen Eier werden auch im Gesellschaftsaquarium in Oberflächennähe abgesetzt, und nach etwa zehn Tagen schlüpfen die Jungfische. Zur Aufzucht aber ist ein separates Aquarium nötig, das auch nicht zu klein sein sollte.

Tanganjika-Leuchtauge, Lamprichthys tanganicanus. Diese Fische gehören in ein großes Aquarium für sich, höchstens mit einigen Regenbogenfischen oder mit Kärpflingscichliden vergesellschaftet. Sie stellen höchste Ansprüche an die Wasserqualität und werden von Abfallbelastungen sofort beeinträchtigt. In leicht strömendem Wasser mit hohem Sauerstoffgehalt fühlen sie sich wohl und laichen dann auch täglich. Die recht großen Eier werden bei der Paarung tief in Steinspalten gestoßen, wo sie, oft stark verformt, fest haften. Nach etwa zehn Tagen schlüpfen nachts auch aus flachgepreßten Eiern gut entwickelte Jungfische, die zunächst nur an der Oberfläche schwimmen und gut wachsen.

Welse

Antennenwels, Ancistrus species. Jahrzehntelang haben Aquarianer vergeblich versucht, diese urwüchsig aussehenden Fische zu vermehren. Überraschend klappte es dann an verschiedenen Orten mit genügend alten Tieren, und heute sind sie als Vertilger flächig wachsender Algen aus der Aquaristik nicht mehr wegzudenken. Sie laichen in Röhren von etwa drei Zentimetern Durchmesser, und so mancher Liebhaber, der mit einem Zuchterfolg nicht gerechnet hatte, fand Jungfische, die im Gesellschaftsaquarium herangewachsen waren. Ältere Männchen sind reviertreu und können mit ihren Hakenstacheln im Kiemendeckelbereich auch wehrhafte Buntbarsche beeindrucken. Nicht in die Hand nehmen!

Farbharnischwels, Peckoltia species. Die wissenschaftliche Nomenklatur der in mehreren Arten importierten Farbharnischwelse ist noch lückenhaft, und auch aquaristisch betritt man mit der Haltung der attraktiven Fische Neuland. Bisher sind nur wenige Zuchterfolge bekanntgeworden. So sind alle *Peckoltia*-Arten eigentlich zu schade, in Einzelexemplaren ihr Dasein in irgendeinem Gesellschaftsaquarium zu fristen. Sie gehören vielmehr in die Hand erfahrener Welszüchter, die das Geheimnis der Nachzucht lüften können. Mit den üblichen Methoden, die sich auf das Futterangebot und Frischwassergaben, rhythmisches Beleuchten und Temperaturschwankungen konzentrieren, gelang bisher die Nachzucht nicht.

Gefleckter Schwielenwels, Hoplosternum thoracatum. Offenbar verbindet sich das Jungfischbild dieser Welse für viele Aquarianer mit den Wunschvorstellungen, urwüchsige Fische zu pflegen. Diese Tiere werden jedoch nicht nur viel zu groß für die meisten Aquarien, sie verscherzen sich alsbald alle Sympathien durch kraftvolles Gründeln und ungestümes Schwimmverhalten. Neben Pfauenaugenbuntbarschen gehören die Schwielenwelse zu den häufigsten „Rückgabetieren“ der Aquaristik. Dennoch werden sie ohne entsprechenden Rat verkauft. Die Zucht dieser schaumnestbauenden Welse ist leicht, steht und fällt aber mit sauberem Wasser. Aus den großen Gelegen schlüpfen um die tausend Jungfische.

Glaswels, Kryptopterus bicirrhis. Wenn auch mehrere Arten glasig durchscheinender Welse im Angebot sind, so ist doch die genannte Art am häufigsten und durch völliges Fehlen von Pigmenten die am deutlichsten durchsichtige. Leichte Strömung und ruhige Beifische sind die wichtigsten Voraussetzungen, um eine Gruppe der leicht pendelnd zwischen den Pflanzen stehenden Glaswelse artgerecht zu halten. Obgleich die größeren Tiere meist Weibchen sind und schon von gelungenen Zuchten die Rede war, sind alle im Handel angebotenenen Glaswelse noch immer Importe. Wahrscheinlich sieht man in ihnen eher den interessanten Beifisch und weniger das interessante Zuchtobjekt.

Hexenwels, Rineloricaria species. Auch von diesen langgestreckten, fast ausschließlich am Boden lebenden Harnischwelsen gibt es mehrere Arten, die im Handel nicht immer richtig bezeichnet werden. Ihr Algenbedarf wird gewöhnlich überschätzt, und zu deren Bekämpfung sind sie nicht geeignet. Wie die meisten Welse sind sie ideale Resteverwerter. Die wichtigste Pflegebedingung ist strömendes Wasser mit hohem Sauerstoffgehalt. Bei Wasserverschlechterung hängen sie im Bereich der Wasserlinie, oft sogar über dem Wasser. Dann muß sofort ein Wasserwechsel vorgenommen werden. In Gesellschaftsaquarien leben sie meist versteckt, dienen aber vielfach als Indikator für die Wasserqualität.

Leopardpanzerwels, Corydoras trilineatus. Dieser attraktive Panzerwels ist unter verschiedenen Namen im Handel, meist als *Corydoras julii,* aber auch als *Corydoras leopardus.* Die recht schwimmlustige Art wird am besten mit ruhigen Fischen vergesellschaftet und in einem kleinen Schwarm gepflegt, sonst halten sich die Welse in den Pflanzengruppen versteckt. Zuchtversuche sollte man erst anstellen, wenn die Fische mindestens zwei, besser drei Jahre alt sind. Zwar laichen sie nach Wasserwechseln auch schon früher, doch sind die Männchen noch nicht befruchtungsreif. Wegen der verpilzenden, unbefruchteten Eier wurde früher das Wasser als ungeeignet angesehen.

Metallpanzerwels, Corydoras aeneus. Auch unter dem Namen *Corydoras schultzi* findet man diese dann als Goldstreifenpanzerwels benannte Art, die wohl am besten zur Vergesellschaftung in nahezu jedes Aquarium paßt. Nur: von zwei mit Panzerwelsen häufig verbundenen Vorstellungen muß man sich auch bei diesem „Allerweltsfisch" lösen: Panzerwelse sind keineswegs nur Abfallverwerter der Futterreste am Boden, und ein oder zwei Exemplare im Aquarium entsprechen nicht der Lebensweise in Gruppen. Ständiges Gründeln ohne Rast ist ein Zeichen von Nahrungsmangel. Notfalls muß abends nach dem Abschalten des Lichts noch einmal gefüttert werden, damit diese nachtaktiven Tiere ausreichend Nahrung erhalten.

Ohrgitterwels, Otocinclus species. Die richtige Artbezeichnung für diese idealen Beifische in mit kleineren Arten besetzten Aquarien zu ermitteln, ist nicht immer einfach, da mehrere Arten, oft mit unzutreffenden Namen, im Handel sind. Die niemals hektisch schwimmenden Kleinwelse rutschen stetig über die Blätter und putzen jeden Mulm- oder Algenbelag weg. Inzwischen gelangen mehrere Nachzuchten, aber stets nur bei auf die Welszucht spezialisierten Aquarianern. So wünschenswert es ist, diese Fische in einer größeren Gruppe zu halten, muß doch ihr Nahrungsbedarf berücksichtigt und pflanzliches Beifutter gereicht werden. Der Bestand geht sonst schnell auf die für das Aquarium angepaßte Menge zurück.

Pandapanzerwels, Corydoras panda. Von den vielen neu eingeführten Panzerwelsarten hat sich am schnellsten der durch seine Augenmaske besonders auffallende Pandapanzerwels durchgesetzt. Nach anfänglich schwieriger Zucht melden heute schon Anfänger der Panzerwelszucht regelmäßige Erfolge. Voraussetzung ist dabei ein Trupp von etwa zehn bis zwölf Tieren, die schon im Alter von einem Jahr bei gutem Futterzustand und wöchentlichem Wasserwechsel zu laichen beginnen. Die Eier kleben an Pflanzen, Steinen und auch an den Scheiben des Aquariums. Nach dem Abfangen der Elterntiere gelingt die Aufzucht der Jungfische leicht, weil sie in eingerichteten Aquarien viel Erstfutter finden.

Riesenschilderwels, Pterygoplichthys species. Die prächtige, mit großen Flecken verzierte Rückenflosse der in einer Größe zwischen acht und zwölf Zentimetern angebotenen Jungfische verführt manche Aquarianer zum Kauf eines solchen dekorativen Harnischwelses. Meist wird nicht darauf hingewiesen, daß sie innerhalb eines Jahres auf das Doppelte bis Dreifache der Kaufgröße heranwachsen können und ihre attraktive Jugendfärbung einem schlichten Graubraun weicht. Da sie tagsüber unter einer Wurzel ruhen und erst in den Abendstunden aktiv werden, hat man nicht lange Freude an den für die meisten Wohnzimmeraquarien einfach zu groß werdenden Fischen, und der Kauf sollte gut überlegt werden.

Zwergpanzerwels, Corydoras pygmaeus. Neben dem ebenfalls kleinbleibenden Sichelpanzerwels, ist diese kleine Art auch häufig im freien Wasser schwimmend zu sehen, während die Mehrzahl aller Panzerwelse am Boden bleibt und nur gelegentlich zum Aufnehmen von zusätzlicher Atemluft an die Oberfläche schießt. Nur in nicht überbesetzten Aquarien hat man an einem kleinen Schwarm dieser Fische rechte Freude, da sie bei Beunruhigung sofort in den Pflanzen verschwinden und erst zur Fütterung wieder hervorkommen. Die Zucht ist bisher nur spezialisierten Aquarianern gelungen. Dennoch kann diese Art empfohlen werden, da sie ideale Beifische für kleinbleibende, friedliche Mittelwasserarten sind.

Labyrinthfische

Blauer Fadenfisch, Trichogaster trichopterus. Von dieser recht groß werdenden Art gibt es eine Reihe von Farbzuchtformen (marmoriert, golden, silbern), die wohl sämtlich auf die sehr selten angebotene braune Wildform zurückgehen. Die Herkunft der blauen Fische, die im Handel am häufigsten zu haben sind, ist recht unklar. Alle Fadenfische können im Gesellschaftsaquarium laichen, und sind dann vorübergehend sehr ruppig bei der Verteidigung ihres Brutreviers. Die recht kleinen Jungfische kann man mit einem Glas abschöpfen und in einem gesonderten Aquarium einen Aufzuchtversuch unternehmen. Da sie schnell wachsen, dauert ein solcher Versuch etwa ein Vierteljahr.

Friedlicher Kampffisch, Betta imbellis. Nicht alle Kampffische kämpfen, bis ein Rivale flossen- und schuppenlos stirbt. Die äußerst farbintensiven, allerdings kurzflossigen Arten haben sich jedoch bei den Liebhabern von Labyrinthfischen nicht durchsetzen können, am ehesten noch *Betta imbellis*. In zu kleinen Aquarien beschädigen sich die Männchen dieser Art durchaus, doch bleibt es meist bei Flossenrissen. Gewöhnlich sieht man nur das dominierende Männchen und die Weibchen, doch die Anwesenheit anderer Männchen zwingt den „Platzhirsch“ zu ständiger Prachtfärbung – ein Trick, den viele Aquarianer auch bei anderen Arten ausnutzen, um ständig Freude an den herrlichen Fischen zu haben.

Kampffisch, Betta splendens. Kampffische im Gesellschaftsaquarium? Das geht durchaus! Nur muß man einem Männchen mindestens drei Weibchen bieten, denn damit ist es ständig beschäftigt. Es baut sein Schaumnest, balzt um die Weibchen, laicht mit dem reifsten ab, verjagt die nicht laichbereiten und hat keine Zeit, sich an anderen Fischen zu vergreifen. In dicht bepflanzten und großen Aquarien geht das sogar mit mehreren Männchen gut, aber es bleibt ein Risiko und führt zumindest zu Flossenrissen, die das prächtige Bild beeinträchtigen können. Abgeschöpfte Jungfische lassen sich leicht aufziehen, und nach einem halben Jahr sieht man, wie gut eigene Tiere aussehen können.

Küssender Gurami, Helostoma temmincki. Allein der Verhaltensweise wegen, mit aufgestülpten Lippen aufeinander zuzuschwimmen und minutenlang stupsende Bewegungen auszuführen, hat sich mancher Aquarianer schon diese Fische mitgebracht. Die Tiere sind jedoch auch nützlich, da sie ständig die Blätter abweiden und Beläge entfernen. Meist ist dies aber ein Hinweis auf Futtermangel, denn andere Fische sind meist schneller, und den Küssenden Guramis bleibt oft nicht viel. Wenn sie auch recht groß werden, bleiben sie doch friedlich und hetzen sich höchstens gegenseitig. Die Zucht gelingt ziemlich leicht, aber nur in separaten und großen Aquarien, die der zahlreichen Brut Raum bieten.

Makropode, Macropodus opercularis. Obgleich Makropoden schon seit der Mitte des vorigen Jahrhunderts in Europa gehalten und gezüchtet werden, muß man beim Kauf von Jungfischen vorsichtig und kritisch sein. Die leichte Nachzucht hat zur Vernachlässigung der Auslese geführt, und Farbintensität und Flossenentwicklung sind dabei auf der Strecke geblieben. Das nebenstehende Foto beweist, daß auch nach jahrelanger Aquariennachzucht durch richtige Auslese und gute Aufzuchtbedingungen prachtvolle Makropoden aufwachsen können. Hält man mehrere Paare, so rivalisieren die Tiere untereinander und können auch in Gesellschaftsaquarien, allerdings mit nicht zu kleinen Arten, gehalten werden.

Mosaikfadenfisch, Trichogaster leeri. Es hängt vom Gesamtzustand der Jungfische ab, ob diese erst erwachsen attraktiven Fische kränkeln oder zu robusten Exemplaren heranwachsen. Leider sind sie oft scheu und brauchen harmlose Beifische, die stets munter umherschwimmen. Sonst kommen sie nur zur Fütterung hervor und verstecken sich schnell wieder. Auch bei dieser Art ist eine Mindesttemperatur von 25 °C erforderlich, sonst ist keine Prachtfärbung zu erwarten. Haltung und Zucht setzen ein wenig Erfahrung voraus, die man mit anderen Labyrinthfischen erwerben sollte, ehe man sich an diese etwas heiklere Art heranwagt. Aber auch erfahrene Liebhaber müssen manchmal Rückschläge überwinden.

Schokoladengurami, Sphaerichthys osphromenoides. Saisonbedingt kommen Jungfische dieses begehrtesten Labyrinthfisches aus Importen in den Handel, und es fällt wohl jedem Aquarianer schwer, an diesen schönen Tieren vorbeizugehen. Trotz der Hoffnung, daß endlich die regelmäßige Zucht gelingen werde, ist es bisher bei einzelnen Erfolgen geblieben, und weiterhin muß importiert werden. Daher sollten nur erfahrene und in der Zucht von Labyrinthfischen bewanderte Liebhaber das Risiko eingehen – schon die Haltung ist oft problematisch, und in der Regel gewöhnen sich die Fische nicht an die üblichen Gesellschaftsaquarien. Spezialisierte Züchter konnten nach vielen Mißerfolgen Maulbrutpflege feststellen.

Spitzschwanzmakropode, Pseudosphromenus cupanus. Diese friedlichen Fische wurden früher der Gattung *Macropodus* zugerechnet. Sie leiden unter dem Vorurteil, Räuber zu sein. Natürlich nehmen sie Mückenlarven und Wasserflöhe zu sich, aber das tun Guppys auch, ohne daß man diese als Raubfisch bezeichnen würde. Sowohl die blaugrün spiegelnden Spitzschwanzmakropoden als auch die rotbraunen *P. dayi* sind ruhige, Verstecke liebende Kleinfische, die ihre Schaumnester unter Blättern oder in Höhlen anlegen und ihre Jungfische aufziehen, oft vom Aquarianer unbemerkt. Plötzlich findet man Junge, die schon etwa einen Zentimeter groß sind; dann lag das Ereignis etwa vier Wochen zurück.

Zwergfadenfisch, Colisa lalia. Eigentlich ist dieser kleine Labyrinthfisch in Größe und Färbung eine Idealbesetzung für jedes Aquarium mit einer Grundtemperatur von 25 °C. Leider aber kann man die meisten der im Handel angebotenen Fische nicht generell empfehlen, weil durch mangelhafte Selektion nur selten wirklich gute Exemplare angeboten werden. Nur gut ausgeprägte Punktreihen und eine blaue Kehle der Männchen zeugen von guten Zuchten! Mitunter gibt es Rote, Blaue und Regenbogen-Zwergfadenfische. Auch diese Zuchtformen sind nur selten in guter Qualität zu haben, so daß man nur als kritischer (Nicht-)Käufer eine Chance hat, wieder bessere Fische dieser Art zu erzwingen.

Zwerggurami, Trichopsis pumilus. Nur mit kleinen Beifischen, am besten aber für sich zu halten ist dieser bunte Kleinlabyrinthfisch, der schon in zehn Liter fassenden Aquarien sein gesamtes Verhalten zeigen kann. Zwei Paare garantieren, daß es in diesem Mini-Aquarium niemals langweilig wird, weil Revierabgrenzung, Schaumnestbau unter Blättern, Zweikämpfe, Balz, Laichakt und Brutpflege nahezu ohne Pause ablaufen. Bei etwas Oberflächenbepflanzung kommen ständig Jungfische auf, die den Bestand dieser höchstens zwei Jahre alt werdenden Tiere wieder ergänzen. Zur Gattung *Trichopsis* gehört auch der „Knurrende Gurami", der aber zur Laichzeit ruppig werden kann und viel Platz braucht.

Buntbarsche

Blauglänzender Zwergbuntbarsch, Nannacara anomala. Zwar bleiben diese leicht zu haltenden und gut züchtbaren Fische klein, sie dürfen aber nicht in kleinen Aquarien, sondern sollten besser in großen Gesellschaftsbecken gehalten werden. Es sind die Weibchen, die soviel Raum brauchen, wenn sie ihre Brut führen. Den Männchen kommt es zu, die Außengrenze des Reviers zu bewachen, und bleiben sie zu nahe, werden sie von den Weibchen attakkiert und oft schwer verletzt. Der Laich wird meist gut versteckt abgelegt, so daß nur an der typischen Gitterzeichnung der Weibchen zu erkennen ist, daß Brutpflege betrieben wird. Die Aufzucht der Jungfische gelingt ohne nennenswerte Schwierigkeiten.

Feuermaulbuntbarsch, Thorichthys meeki. Wenn auch zunehmend weitere Arten der Gattung im Angebot sind, bleibt doch der seit Jahrzehnten bewährte „Meeki“ vorläufig einer der am besten geeigneten Buntbarsche für Einsteiger. Aus sechs bis zehn Jungfischen muß man aber die Bildung eines Paares abwarten. Willkürlich zusammengestellte Paare harmonieren meist bei der Brutpflege nicht. Feuermaulbuntbarsche sind attraktiv, vor allem durch die Maske und den weit ausstülpbaren roten Mundboden. Aber sie können selbst in großen Aquarien sehr aggressiv werden, wühlen beträchtliche Gruben und weiden zartblättrige Pflanzen förmlich ab. Wer sie mag, muß das in Kauf nehmen!

Gelber Zwergbuntbarsch, Apistogramma borellii. Durch eine Zweitbeschreibung war dieser Fisch lange Zeit als *Apistogramma reitzigi* bekannt, während unter dem richtigen Namen in der Aquaristik lange *A. cacatuoides* gehandelt wurde. Deshalb kann es sein, daß diese Namen auch im Handel gelegentlich noch verwechselt werden. Bei der Haltung dieser Art sind Temperaturen über 25 °C nicht angebracht, da die Fische sonst zu kurzlebig sind. Während andere Arten der Gattung zur Haremsbildung neigen, scheint *A. borellii* bevorzugt paarweise zu leben. Manche Weibchen werden vom Männchen nie beachtet. Es müssen aber dennoch zur besseren Partnerwahl mehrere Weibchen angeboten werden.

Hechtbarsch, Crenicichla species. Weil vor Jahrzehnten vor allem groß werdende und sehr räuberische Arten dieser Gattung bekannt geworden waren, bestehen gegen die Haltung von Buntbarschen mit dieser Körperform hartnäckige Vorurteile. Die neuerdings entdeckten und eingeführten kleinbleibenden, zum Teil auch außerordentlich farbenprächtigen Hechtbarsche sind aber nicht räuberischer als andere Buntbarsche und können sogar in entsprechend besetzten Gesellschaftsaquarien gepflegt werden. Dort leben sie bevorzugt in versteckreichen Revieren, wie z. B. Wurzel- oder Steinansammlungen. Da über die Pflege- und Zuchtbedingungen noch nicht viel veröffentlicht wurde, besteht hier ein großes Betätigungsfeld.

Indischer Buntbarsch, Etroplus maculatus. Etwas scheu, aber friedlich sind diese erwachsen orangerot und samtschwarz gefärbten Fische, deren gelbe Zuchtform häufiger als die zunächst unscheinbare Ausgangsform im Handel zu sehen ist. Die Fische vertragen auch leichten Salzwasserzusatz und können ihn sogar brauchen, wenn die Einhälterung in zu weichem Wasser Schwierigkeiten bereitet. Sind sie aber einmal eingewöhnt, kann man auf den Zusatz verzichten. Eine intensive Schwarzfärbung der unteren Körperhälfte und rhythmisches Zucken mit den ebenfalls schwarzen Bauchflossen weisen auf die vorhandene Brut hin. Leider bleiben die Jungfische lange grau und werden im Handelsangebot daher oft übersehen.

Kakadu-Zwergbuntbarsch, Apistogramma cacatuoides. Mitunter wird dieser Zwergcichlide noch unter dem Namen *Apistogramma borellii* angeboten, was auf eine Verwechslung mit dem Gelben Zwergbuntbarsch zurückgeht. Der robuste Fisch ist für mit Zwergbuntbarschen noch wenig geübte Aquarianer gut geeignet. Es gibt Farbstämme, deren Männchen tiefrote Farbzonen im hinteren Teil von Rücken- und Afterflosse sowie auf der Schwanzflosse aufweisen. Es ist besser, einem Männchen mehrere Weibchen beizugeben. Die Brut wird von den Weibchen allein aufgezogen, die sich während dieser Zeit intensiv gelb-schwarz gefärbt und aggressiv zeigen. Wer ein paar Junge aufziehen möchte, muß sie mit einem Schlauch absaugen.

Kobaltorangebarsch, Melanochromis johanni. Der deutsche Name soll sowohl die Farbe der Männchen als auch die der Weibchen berücksichtigen. Während nämlich die Jungfische und die Weibchen orangefarben sind, färben sich die Männchen mit Erreichen der Geschlechtsreife schwarz mit kobaltblauen Längsstreifen. Auch diese Art erfordert mehrere Weibchen pro Männchen, von denen meist nur das dominierende Prachtfärbung zeigt. Je nach Aquariengröße und Besatzdichte können diese Buntbarsche aggressiver oder friedlicher sein. Viele etwa gleichstarke Fische gleichen sich an, und nur zum Laichen wird vorübergehend ein Revier freigekämpft, das von den anderen Arten akzeptiert wird.

Kupfermaulbrüter, Pseudocrenilabrus philander. Die vielen Buntbarsche mit Maulbrutpflege gehören zu den beliebtesten Aquarienfischen. Während aber die meisten Arten lediglich die Eier mehrere Wochen im Maul tragen und die Jungfische nach dem Verlassen der mütterlichen Kehle schnell Versteckplätze suchen müssen, pflegen die Weibchen aller Arten der Gattung *Pseudocrenilabrus* auch die Jungfische noch wochenlang im geräumig erweiterten Kehlsack. Die durchscheinende Kehlhaut erlaubt das Beobachten der Eientwicklung und des Heranwachsens der Jungfische bis zum Schlupf. Die Aufzucht und Pflege der Jungen ist äußerst reizvoll und auch für den Anfänger problemlos.

Nikaragua-Buntbarsch, Copora nicaraguense. Nur in großen Aquarien kommt dieser prachtvoll gefärbte Fisch zur Geltung. Besonders beliebt ist die Lokalform mit metallisch blauglänzendem Kopf und einer bei ausgewachsenen Männchen bullig entwickelten Stirnpartie. Dabei sind die Tiere friedlich, nur nach dem Laichen und während der Brutpflege jagen sie andere Aquarieninsassen aus dem Revier. Auch das Wühlen hält sich in Grenzen, so daß große Aquarien und reichlich angebotenes Futter die wesentlichen Voraussetzungen für eine erfolgreiche Pflege sind. Die Ausfärbung der graubraunen Jungfische setzt erst nach zehn Monaten ein. Weibchen sind anfangs bunter als die sich später färbenden Männchen.

Prinzessin von Burundi, Neolamprologus species. Daß nicht nur Färbung, sondern auch Körperform und Bewegungsweisen den Reiz eines Aquarienfisches ausmachen, beweist diese eigentlich schmucklos graubraune Art, die schon beliebt war, ehe verwandte Arten mit attraktiveren Körper- und Flossenfarben bekannt wurden („Daffodil", „Walteri"). Die ausgezeichnet brutpflegenden Fische erobern aber schließlich jedes Aquarium, weil neben den Elterntieren auch halbwüchsige Jungfische Brutpflege betreiben und der anderen Fischen zugestandene Raum immer kleiner wird. Da die Nachzucht überall ohne Zutun des Pflegers aufwächst, sind Abnehmer zeitweilig schwer zu finden.

Purpurprachtbarsch, Pelvicachromis pulcher. Wenn Farben Fische attraktiver machen, so sind die Weibchen dieser Buntbarsche „schöner" als die Männchen. Die intensiv rote Bauchpartie und die in allen Farben des Regenbogens spiegelnden Körperseiten werden zudem noch durch eine typische Körperkrümmung dargeboten und auffällig gemacht. Auch diese Art laicht in Höhlen, in die das Männchen nach der Eiablage nicht mehr einschwimmt. Lokalformen und gezüchtete Farbrassen haben zu einer Reihe von Handelsnamen geführt, die außerdem noch zu Verwechslungen mit den verwandten und äußerlich recht ähnlichen Arten *P. taeniatus* und *P. subocellatus* geführt haben.

Roter Cichlide, Hemichromis lifalili. Von mehreren Arten und deren Lokalformen, die alle recht ähnlich sind, hat sich aquaristisch die kleinste und am beständigsten rot gefärbte bewährt. Die anderen Arten sind nur während der Laichzeit intensiv gefärbt und meist auch erheblich aggressiver. Dennoch kann auch *Hemichromis lifalili* nur mit ebenfalls wehrhaften Fischen gemeinsam in geräumigen Aquarien gepflegt werden, weil während der Laichzeit ein großes Territorium beansprucht und verteidigt wird. Die sich schon zeitig rot einfärbenden Jungfische kommen wegen der guten Brutpflege zahlreich auf, so daß der Liebhaber mehr Sorgen mit dem Absatz als mit der Aufzucht dieser prachtvollen Buntbarsche hat.

Roter Tüpfelbarsch, Laetacara dorsiger. Für pflanzenreiche Salmleraquarien sind einige kleinbleibende Arten der Gattung *Laetacara* hervorragend als Beifische geeignet. Sie wühlen wenig oder nie, ziehen sich eher bei Beunruhigung durch zu lebhafte Fische zurück und behaupten nur zur Brutzeit ein Revier, in dem sie ihre winzigen Jungfische bewachen. Neben dem vorgestellten farbenprächtigsten Vertreter können auch *Laetacara curviceps* sowie weitere, noch nicht wissenschaftlich beschriebene Angehörige dieser Gattung, die aber bereits im Handel sind, eingesetzt werden. Lediglich die anfangs etwas langsam wachsenden Jungfische und das notwendige kleine Erstfutter bereiten dem Aquarianer Mühe.

Sajica-Buntbarsch, „Cichlasoma" sajica. Es gibt wenige Buntbarsche, die man unbedenklich in ein Gesellschaftsaquarium mit verschieden großen anderen Fischen setzen kann. Von den größer werdenden Arten ist der „Sajica" die kleinste, bleibt friedlich und wühlt kaum. Man kann dies auch eindämmen oder auf eine Stelle konzentrieren, indem eine Höhle (mit aufgebundenem Stufenfarn getarnter Blumentopf oder halbe Kokosnußschale) unter eine große Pflanze eingebracht wird. Leuchtend blaue Augen und die schwarze Färbung des Weibchens signalisieren, daß Laich oder bereits geschlüpfte Jungfische vorhanden sind. Salmler oder Barben schaffen es aber, trotz der brutpflegenden Eltern die Jungfische zu erjagen.

Schachbrettzwergbuntbarsch, Dicrossus filamentosa. Diese Kostbarkeit darf nicht im Trubel eines Gesellschaftsaquariums untergehen, sondern sollte in mittelgroßen Aquarien alleine gepflegt werden. Ein bißchen Fingerspitzengefühl gehört schon dazu, und vorschnelles Kaufen ohne die erforderlichen Vorbereitungen führt häufig zum Verlust der Tiere. Die Zucht gelang nur in weichem Wasser nach sorgfältiger Eingewöhnung. Auch die weiteren Vertreter dieser Gattung sind eher Fische für Spezialisten und für Unkundige einfach zu schwierig. Am besten ist die Orientierung auf Arten der Gattung *Apistogramma,* und haben sich dort Erfolge eingestellt, kann man auch einen Versuch mit *C. filamentosa* wagen.

Schmetterlingsbuntbarsch, Papiliochromis ramirezi. Der farbenprächtige Zwergcichlide verbindet alle Vorteile der Buntbarsche – Färbung, Brutpflege – ohne deren Nachteile – Wühlen, Pflanzen vernichten. Kein Wunder, daß vor allem diese Art als Beifisch für Salmleraquarien gewählt wird. Allerdings gibt es recht schwierig einzugewöhnende Stämme. Deshalb sollte man neu eingetroffene Schmetterlingsbuntbarsche im Händlerbecken genau beobachten, ehe man sie kauft. Ein Paar, willkürlich zusammengestellt, bringt selten Erfolg. Deshalb ist es besser, mehrere Paare zum Auswählen der Partner zusammenzusetzen. Dann klappt auch die Brutpflege, und selbst im Gesellschaftsaquarium kommen einige Jungfische auf.

Schneckenbarsch, Neolamprologus multifasciatus. In Kleinaquarien werden neuerdings Buntbarsche geringer Größe gehalten, deren Fortpflanzung an Schneckenhäuser gebunden ist. Einzeltiere oder Paare bewohnen ein solches Gehäuse, in dem auch die Jungfische heranwachsen. Oft bleibt rätselhaft, wovon sie bis zum Erscheinen gelebt haben, weil der Liebhaber gewöhnlich erst dann mit dem Reichen von Kleinfutter beginnt. Um die Jungfische nicht zu gefährden, hält man zu Schneckenbarschen höchstens an die Oberfläche gebundene Beifische, auf keinen Fall stärkere Arten mit Orientierung auf die Bodenbereiche. Die besten Erfolge gelingen bei der Haltung einer Gruppe jeder Art in einem Aquarium für sich.

Schwarzkehlmaulbrüter, *Astatotilapia burtoni*. Bei der Pflege aller Maulbrüter steht der Aquarianer vor dem Problem, die Fische im Handel als Paar kaufen zu müssen. Besser ist es allerdings, mit einem Männchen mehrere Weibchen zusammen zu halten, da die Männchen permanent treiben und nicht laichbereite Weibchen ständig jagen. Das betrifft auch Weibchen mit Laich im Maul, die dadurch nie zur Ruhe kommen und schließlich verenden. Damit bleibt ein äußerst aggressiv werdendes Männchen übrig, für das man kaum weitere Weibchen erhält. Dagegen gelingt die Aufzucht der Jungfische leicht, wenn das Weibchen abgefangen und separat gehalten und nur kurz zur Paarung wieder zum Männchen gesetzt wird.

Segelflosser, *Pterophyllum scalare*. Der einst als unzüchtbar angesehene Fisch ist heute in einer Vielzahl von Zuchtformen vertreten, hat aber durch Massenzucht ohne strenge Auslese auch an Attraktivität verloren. Skalare muß man sehr kritisch begutachten, ehe man sich zum Kauf entschließt. Da sich Paare erst spät bilden, ist zu sechs bis zehn Jungfischen zu raten, die sich zwar auch in Gesellschaftsaquarien gut entwickeln, aber besser mit wenigen Panzerwelsen oder Oberflächenfischen gedeihen. Bei genügend großer Partnerauswahl pflegen Skalare auch heute noch ihre Jungfische, wenn auch immer wieder behauptet wird, daß der Brutpflegetrieb verlorengegangen sei.

Türkis-Goldbarsch, Melanochromis auratus. Die farblich attraktiven und bei der Balz rasant schwimmenden Maulbrüter wurden zu Auslösern einer bis heute anhaltenden Modeströmung der Aquaristik. Sie sind auffällig und leicht zu züchten. Ihre Ernährung ist unproblematisch, weil sie gefrostetes Naturfutter ebenso wie künstliches Futter bereits vom Verlassen des mütterlichen Maules an problemlos akzeptieren. Erst mit der Geschlechtsreife werden die Männchen schwarz, die Weibchen behalten die gelb-schwarze Streifenzeichnung der Jungfische. Graue Zonen in der Afterflosse weisen auf künftige Männchen hin, während die der Weibchen rein gelb bleiben. Empfehlung: Zwei Männchen zu vier bis zehn Weibchen setzen.

Vierstreifen-Schlankcichlide, Julidochromis regani. Wenn sich erst einmal ein harmonierendes Paar der Schlankcichliden gefunden hat, von denen im Handel fast immer drei der fünf beschriebenen Arten erhältlich sind, kommen die Fische schon in mittelgroßen Aquarien mit vielen Höhlen und Spaltenverstecken gut zurecht. Selbst mit großen Arten lassen sie sich halten, weil sie immer in Verstecke ausweichen. Die Jungfische leben zunächst so gut versteckt, daß man sie erst entdeckt, wenn sie schon aus dem Gröbsten heraus sind. Die Phase der Paarbildung ist allerdings kritisch, weil die Fische untereinander dabei sehr aggressiv sind und Verluste eintreten, wenn nicht genügend Verstecke angeboten werden.

Zwergbuntbarsch, Apistogramma agassizi. Diese durch zwei winkelig in der Schwanzflosse angelegte weiße Streifen kenntlichen Zwergbuntbarsche existieren in mehreren Farbformen, mit denen manche Liebhaber leicht, andere nur mit größter Sorgfalt und einige nie zurechtkommen. Entsprechend widersprüchlich sind die Literaturangaben. Für die Haltung in schwach besetzten, ruhigen Salmleraquarien sind sie eigentlich gut geeignet. Unter flachen Steinen oder Trümmern einer Kokosnußschale beziehen die Weibchen ihr Quartier, und die Männchen besamen das Gelege auch auf eine gewisse Distanz, falls sie dahin nicht folgen können. Meist verteidigen die Weibchen das Gelege so gut, daß einige Jungfische überleben.

Regenbogenfische

Dreistreifen-Regenbogenfisch, Melanotaenia trifasciata. Die recht groß werdende Art braucht viel Schwimmraum und kann das obere Drittel von Buntbarschaquarien beleben. Es sind mehrere Farbrassen im Handel, die auf verschiedene Fundorte zurückgehen, aber auch durch Vermischung der Lokalformen entstanden sind. Die Jungfische sind lange grau, und erst mit Ablauf des ersten Lebensjahres werden die Männchen zunehmend prächtig. Wer Jungfische aufziehen möchte, kann ein Pflanzenbüschel in eine Aquarienecke hängen und nach etwa einer Woche wieder entnehmen. Innerhalb von weiteren sieben Tagen schlüpfen die recht großen und gut wachsenden Jungfische, die sehr leicht aufzuziehen sind.

Filigran-Regenbogenfisch, Iriatherina werneri. Die grazile Erscheinung deutet es schon an: Dies ist keine Art für ein von anderen Fischen wimmelndes Gesellschaftsaquarium! Kleine bis mittelgroße Aquarien mit feinfiedrigen Pflanzen, leichter Strömung und kristallklarem Wasser sind die Grundvoraussetzungen zur Haltung dieser aquaristischen Kostbarkeit. Der Nachwuchs ist dann nur eine Frage der Zeit, doch kann man die winzigen Jungfische nur mit größter Sorgfalt aufziehen. Eine gewisse Anfälligkeit gegenüber Wasserverschlechterungen ist wahrscheinlich der Grund, daß der Handel diese Fische nur noch recht selten anbietet und die Aquarianer weitgehend auf Nachzuchten anderer Liebhaber angewiesen sind.

Lachsroter Regenbogenfisch, Glossolepis incisus. Vor Jahren waren diese prächtigen Fische eine aquaristische Sensation – heute sieht man sie nur noch selten. Sie werden wegen ihrer Größe, wegen der späten Ausfärbung und wahrscheinlich auch wegen der kostspieligen Aufzucht nur noch von engagierten Liebhabern gehalten und vermehrt. Und deren Zuchtergebnisse reichen für ein breiteres Angebot im Handel einfach nicht aus. So ist der attraktive Fisch, dessen Männchen mit zunehmendem Alter eine starke Rückenwölbung ausbilden, zu einer Kostbarkeit geworden, die man zwar auf Ausstellungen, aber kaum noch im Handel bewundern kann. Nur dort erfährt man auch, woher man Nachzuchtfische bekommt.

Madagaskar-Ährenfisch, Bedotia geayi. Die den Regenbogenfischen nahestehenden Ährenfische sind in der aquaristischen Praxis wie Regenbogenfische zu halten und zu vermehren. Auch sie legen mehrere Wochen hindurch täglich Eier ab und vergreifen sich nicht an den Jungfischen, so daß in einem nur mit einer Art besetzten Aquarium ständig Jungfische heranwachsen. Die mittelgroßen Jungtiere aber kontrollieren die kleineren, so daß der Bestand auch nicht überhand nimmt. Leider hat das äußere Erscheinungsbild der Madagaskar-Ährenfische durch ungenügende Auslese stark gelitten, so daß man nur intensiv rotflossige Männchen mit goldglänzenden Flossenfeldern zur Zucht verwenden sollte.

Schmetterlings-Blauauge, Pseudomugil signifer. Ein Trupp dieser attraktiven Winzlinge braucht keine Beifische! Ständig rivalisieren die Männchen mit steil aufgestellten Flossen und verteidigen ihre Laichreviere, die man in Form von kleinen Javamoosbüscheln anbietet. Dort werden die wenigen, aber für die kleinen Fische recht großen Eier abgelegt. Da die Fische aus dem Brackwasser stammen, ist ein leichter Zusatz von Meersalz anzuraten, besonders wenn die Flossen angelegt getragen werden und die Tiere schüttelnde Bewegungen ausführen. Leider überwiegen die Männchen, so daß die Erhaltung der ohnehin nur geringen Bestände nur durch regelmäßige Zucht gewährleistet werden kann.

Sentani-Regenbogenfisch, Chilatherina sentaniensis. Nur bei richtiger Haltung in großen Aquarien mit dichtem Pflanzenwuchs und leichter Beschattung durch eine Schwimmpflanzendecke erreicht der seltener angebotene Fisch seine samtig rotschwarze Färbung. Vielleicht bleibt seine Beliebtheit unter den Liebhabern deshalb hinter der anderer Regenbogenfische zurück. Ältere Exemplare werden hochrückig und sind prächtige Schaustücke in den Aquarien Zoologischer Gärten. Leider wurde diese Art viel mit anderen Regenbogenfischen gekreuzt, und so sind unter diesem Namen mehr Hybriden als reinerbige Fische verbreitet worden. Die Sentani-Regenbogenfische sind aquaristisch noch immer ziemlich unbekannt.

Halbschnäbler

Zwergregenbogenfisch, Melanotaenia maccullochi. Schon seit über 50 Jahren wird dieser beständigste und mit seinen roten Flossenrändern schon als Jungfisch ansprechende Regenbogenfisch in Aquarien gehalten und gezüchtet. Es ist allein eine Folge schlechter Auslese, wenn die roten Flossenumrandungen mitunter nur blaß ausfallen. Seltener ist eine durch einen zusätzlichen schwarzen Innenrand noch attraktivere Lokalform im Handel, die erst vor wenigen Jahren eingeführt wurde. Hält man einen kleinen Schwarm in einem gut bepflanzten Aquarium ohne Beifische, so kommen ständig Jungfische auf. Sie schwimmen unter der Oberfläche und nehmen staubfeines Trockenfutter an.

Hakenhalbschnäbler, Nomorhamphus liemi. Schon wegen ihrer Futteransprüche sollten diese Oberflächenfische nicht mit zu schnellen Arten vergesellschaftet werden. Ein anderer Grund ist das schwer vorhersehbare Absetzen der zwar recht großen, aber nicht sofort schwimmgewandten Jungfische, die ein Opfer der anderen Beckeninsassen werden könnten. Die Halbschnäbler sind relativ schwierige Pfleglinge, wenn auch da und dort die Zucht mühelos gelingt. Wesentlich ist nicht nur die Futtermenge, die oft unterschätzt wird. In der falschen Nährstoffzusammensetzung sehen die meisten Spezialisten den Grund für die mit großen Dottersäcken schwimmunfähig geborenen Jungfische, die innerhalb weniger Stunden sterben.

Barschähnliche Arten

Blaubarsch, Badis badis. Obgleich ausgefärbte Männchen mit ihrer tief blauschwarzen Färbung und den groß entwickelten Flossen gut aussehen, hat man von dieser Färbung nicht viel, weil die Tiere bevorzugt in Höhlen leben. Die lehmbraunen Weibchen ziehen sich ebenfalls gern in dunkle Bereiche des Aquariums zurück. In die Höhle des Männchens dürfen sie nur bei deutlich vorgetragener Laichbereitschaft. Die Brutpflege betreibt das Männchen allein, und oft ist es erstaunlich, daß selbst in Gesellschaftsaquarien einzelne der recht kleinen Fischchen durchkommen. Im Handel werden die Blaubarsche leicht übersehen, weil meist die noch bräunlichen Jungfische angeboten werden.

Glasbarsch, Chanda ranga. Der Liebhaber von Glasbarschen sollte sich vor dem Kauf darüber im klaren sein, daß er für diese Fische mehr Aufwand als für die meisten anderen treiben muß: Sie nehmen ausschließlich lebendes Futter an. Wer also nicht ständig Salinenkrebs-Kulturen betreiben oder Jungfische von produktiven Fadenfischarten nur zum Verfüttern aufziehen will oder kann, würde diese bei richtiger Pflege sehr gut haltbaren Tiere nur kümmernd bis zum baldigen Tod erleben. Da die Jungfische sehr klein sind und ebenfalls viel Aufmerksamkeit bei der Aufzucht erfordern, können immer weniger Liebhaber den Glasbarschen die notwendigen Voraussetzungen für Pflege und Zucht bieten.

Grundeln

Goldringelgrundel, Brachygobius species. Auch die farbenprächtigsten Grundeln sind eigenartigerweise bei den Aquarianern nur so lange begehrt gewesen, bis ihre Zucht gelungen war und sie der Handel regelmäßig anbot. Daher wurden sie im Abstand mehrerer Jahre immer wieder neu importiert und erneut gezüchtet, ohne daß sich richtige Aquarienstämme entwickeln konnten. Mehrere Arten äußerlich ähnlicher Vertreter dieser Gattung werden nicht immer mit den zutreffenden wissenschaftlichen Namen bezeichnet. Schon ihre geringe Größe verbietet das Einsetzen in Gesellschaftsaquarien mit lebhaften und großen Arten, zumal sie ohnehin Verstecke lieben und oft lange Zeit darin verschwinden.

Pastellgrundel, Tateurndina ocellicauda. Selbst diese gut haltbare Grundel wurde nach ihrem Erstimport und trotz guter Nachzuchtergebnisse nicht zu einem beliebten Aquarienfisch. Dies ist vor allem deshalb schwer zu verstehen, da man die Vorliebe der Aquarianer für Fische mit blauer und roter Färbung kennt. Außerdem sprechen Preis und problemlose Haltung ebenfalls für diese attraktiven Fische. Die Zucht der auf Blättern laichenden Art mit Brutpflege durch das Männchen ist nicht schwierig, das Aufpäppeln der recht kleinen Jungfische ist jedoch ein bißchen mühsam. Um so bedauerlicher, daß sich das Engagement der Züchter selbst bei dieser kleinen und farbenprächtigen Art bisher anscheinend nicht gelohnt hat.

Die Fische und ihr Lebensraum

Was sind „Anfängerfische"? Unter diesem Begriff versteht man Fischarten, die ein so breites Anpassungsspektrum besitzen, daß sie selbst gröbere Fehler, wie sie Anfängern unterlaufen können, überstehen, ohne gleich zu sterben. Kurzzeitig zu hohe oder zu niedrige Temperaturen werden ebenso verkraftet wie z.B. schlechte Wasserwerte, die durch das Vergessen des Filterreinigens oder des Wasserwechsels auftreten können.

Solche Fehler gehen häufig auf zu hohe Futtergaben zurück. Nicht die drohende Verfettung ist das größte Problem, sondern das nicht verzehrte und zu Boden gesunkene Futter. Es fängt an zu faulen, und Fäulnisprozesse verbrauchen Sauerstoff, der dem Wasser entzogen wird. Wird dem nicht Einhalt geboten, entstehen bald sauerstofffreie Zonen im Bodengrund. Dadurch können auch die Pflanzenwurzeln nicht mehr richtig atmen und die Pflanzen sterben ab. Schon bald wird der Bodengrund schwarz, die Fische schwimmen unter Sauerstoffnot an der Wasseroberfläche. Da hilft auch der Filter nicht mehr, denn er filtert ja nur die Schmutzstoffe aus dem Aquarienwasser. Im Filtertopf verbleiben sie aber im Kreislauf und werden erst bei der Filterreinigung entfernt. Auch die Durchlüftung kann die Katastrophe nur hinauszögern. Es darf also erst gar nicht so weit kommen.

Aus diesem Grund gehört es zu den wichtigsten Grundsätzen, daß nur soviel gefüttert werden darf, wie die Fische in kürzester Zeit fressen können. Selbst ein paar Tage ohne Futter schaden erwachsenen Fischen keinesfalls, und erfahrene Aquarianer setzen mindestens einen Tag in der Woche mit der Fütterung ganz aus. Das Problem stellt sich erneut, wenn eine über das Wochenende dauernde Abwesenheit oder gar ein mehrwöchiger Urlaub bevorsteht. Grundsätzlich: Man kann nicht auf Vorrat füttern! Es gibt Futterautomaten, die die gezielte Fütterung im Urlaub ermöglichen. Sie sollten allerdings nicht erst am Abfahrtstag gekauft werden, sondern einige Wochen davor, damit man sie noch genau einstellen und kontrollieren kann. Bei guten Geräten hat man auch hier die Möglichkeit, futterfreie Tage dazwischenzuschalten. Aber auch der freundliche Nachbar füttert die Fische gerne. Doch gerade er braucht genaue Anweisungen, damit keinesfalls zuviel gefüttert wird.

Ein weiterer wichtiger Punkt ist die Filterreinigung. Es muß für jeden Aquarianer geradezu eine Selbstverständlichkeit sein, die Filtermasse jede Woche mindestens einmal sauber auszuwaschen oder gegen frisches Material zu ersetzen. Auch wenn das Wasser kristallklar ist und die Fische munter herumschwimmen, auf die Filterreinigung kann man nicht verzichten. Die im Wasser gelösten Schadstoffe sind nicht sichtbar. Der vom Filter herausgereinigte Schmutz ist in der Filtermasse verborgen und das Wasser, das durch den Filter läuft, kommt jedesmal mit diesem Schmutz in Berührung. Die Giftstoffe werden also nur entfernt, wenn die Filtermasse ausgewaschen wird. Jeder, der ein Aquarium besitzt, weiß, wie verdreckt die Filtermasse bereits nach wenigen Tagen ist – auch bei wenigen Fischen und sparsamster Fütterung. Anders ist der Sachverhalt, wenn an das Aquarium ein biologischer Filter angeschlossen ist (Rieselfilter o.ä.). Dieser Filter darf normalerweise nicht oft gereinigt werden, da er nach einer gewissen Einlaufzeit mit Bakterien besiedelt ist, die die Schadstoffe im Aquarienwasser biologisch abbauen. Doch auch dieser Filter kommt nicht ohne einen Vorfilter aus, der regelmäßig gereinigt werden muß.

Hinzu kommt der regelmäßige Wasserwechsel. Einmal in der Woche, am besten stets am selben Wochentag, sollten etwa 5 bis 10 % des Aquarienwassers durch frisches Wasser ersetzt werden. Nur so sind die Wasserverhältnisse immer konstant gut und für die Fische auf Dauer verträglich.

Alles hängt also vom Zustand des Wassers ab! Daher muß auch alles für die Erhaltung der Wasserqualität getan werden, und dazu gehört:

1. Aquarien nicht zu stark besetzen.
2. Nur so viel füttern, wie die Fische sofort aufnehmen.
3. Wöchentlich 5 bis 10% des Wassers austauschen.
4. Den Filter bei jedem Wasserwechsel reinigen.

Wenn man sich an diese Punkte hält, sind die meisten Arten, die der Fachhandel anbietet, auch für den Anfänger geeignet.

Welches Futter ist richtig? Im Handel gibt es eine Vielzahl von Futtermitteln, die für unsere Aquarientiere angeboten werden. Gute Qualität vorausgesetzt, sind die meisten davon für die hier beschriebenen Fischarten geeignet.

Trockenfutter gibt es in Flocken-, Pulver-, Tabletten- und Granulatform. Es wird von den meisten Fischen gerne gefressen. Man streut eine geringe Menge einfach auf die Wasseroberfläche. Sehr schnell saugen sich die Flocken mit Wasser voll und gehen unter. Viele Fische holen sie auch von der Wasseroberfläche. Futtertabletten werden entweder ganz oder geteilt ins Wasser gegeben. Besser ist jedoch, wenn man sie an der Frontscheibe durch leichtes Anpressen festklebt. Dort lösen sie sich langsam auf. Die Fische knabbern dann an diesen Tabletten längere Zeit. Zum Trockenfutter gehört auch gefriergetrocknetes Futter. Es wird wie normales Trockenfutter verfüttert. Durch die schonende Gefriertrocknung ist dieses Futter aber besonders wertvoll.

Heute erhält man auch viele verschiedene Arten von hochwertigem Frostfutter. Viele empfindliche Tierarten lassen sich damit füttern. Lebendfresser können damit leichter an totes Futter gewöhnt werden. Wichtig beim Frostfutter ist allerdings, daß es vor der Fütterung vollständig aufgetaut wird. Manche Fische fressen nämlich gleich ganze Brocken davon, bevor sie im Wasser auftauen und können so irreparable Schäden davontragen. Kleine Gefrierfutterbrocken kann man aber getrost einfach auf die Wasseroberfläche legen. Dort lösen sie sich dann langsam auf und werden beim Herabsinken aufgefressen. Frostfutter muß sofort nach dem Kauf in der Tiefkühltruhe gelagert werden. Zwischendurch darf es keinesfalls auftauen. Auch beim Entnehmen von Futterstückchen aus der Kühltruhe muß man darauf achten, daß der Vorrat dabei nicht antaut. Das an sich wertvolle Futter vereist sonst oder trocknet total aus und wird dadurch minderwertig.

In guten Zoohandlungen erhält man je nach Jahreszeit auch Lebendfutter. Wasserflöhe, Cyclops, weiße und rote Mückenlarven werden von vielen Fischen gerne gefressen. Die altbekannten Tubifex sind zwar immer erhältlich, aber kein ideales Futter, da sie aus Schmutzwassergebieten stammen und eventuell belastet sind. Man kann aber auch selbst Lebendfutter fangen. Viele Fische fressen z.B. gerne Bachflohkrebse, die man in klaren Bächen unter Steinen findet und leicht selbst fangen kann. Im Sommer kann man die in Regentonnen lebenden Stechmückenlarven verfüttern. Man sollte sie allerdings sparsam einsetzen, da sie sehr fetthaltig sind.

Die Herkunft unserer Aquarienfische Obwohl unsere Aquarienfische aus allen Teilen der Welt stammen, so kommen doch die meisten Arten aus einigen wenigen Gebieten, z.B. dem Amazonasgebiet, aus den afrikanischen Seen oder aus Asien. Schon wegen dieser unterschiedlichen Herkunft stellen sie oft sehr verschiedene Ansprüche. Es ist also wichtig zu wissen, wo die ausgewählten Arten herkommen, um besser auf ihre Ansprüche eingehen zu können. So lieben Barsche aus den großen afrikanischen Seen z.B. hartes Wasser und Verstecke in Form von großen Steinen, während Salmler aus dem Amazonas eher weiches Wasser mit einem niedrigen pH-Wert bevorzugen. Labyrinthfische aus den Reisfeldern Asiens wären auch mit relativ sauerstoffarmem, trübem Wasser einverstanden, da sie dies von den schlammigen Gewässern ihrer Herkunftsländer gewohnt sind. Einige Grundkenntnisse über das Wasser, in dem unsere Fische leben, sind daher wichtig.

Wasser ist nicht gleich Wasser Das Wasser ist also das Medium, in dem unsere Fische leben. Für die Fische hängt daher alles von der Beschaffenheit des Wassers ab, ob sie sich wohl fühlen, ob sie gesund sind, ja sogar ob sie sich vermehren. Wasser ist aber nicht gleich Wasser, denn das Leitungswasser, das wir zum Füllen unserer Aquarien verwenden, ist an verschiedenen Orten oft sehr unterschiedlich zusammengesetzt und auch die Wasserqualität ist nicht immer gleich.

Die Wasserhärte

Die Wasserhärte, also einfach ausgedrückt der Kalkgehalt des Wassers, setzt sich aus zwei wichtigen Werten zusammen, der Karbonathärte und der Nichtkarbonathärte. Die Karbonathärte wird durch die Kalzium- und Magnesiumhydrogenkarbonate im Wasser bedingt, die Nichtkarbonathärte vor allem durch Gips (Kalziumsulfat), aber auch in geringerem Umfang durch andere Salze. Es genügt für uns zu wissen, daß beide zusammen die sogenannte Gesamthärte ausmachen und daß die mengenmäßigen Anteile der Karbonat- und der Nichtkarbonathärte entscheidend sind und nicht die Gesamthärte allein. Für die in diesem Buch beschriebenen Fische reicht allerdings die Kenntniss der Gesamthärte aus, um sie erfolgreich halten zu können. Wer aber z.B. Neons züchten will, dem bleibt nicht erspart, sich näher mit dieser Materie auseinanderzusetzen.

Die Gesamthärte des Wassers wird in deutschen Härtegraden angegeben. Wasser von z.B. 5 °dGH gilt als sehr weich, solches über 20 °dGH als sehr hart. Man kann die Härte des Wassers mit im Handel erhältlichen Reagenzien leicht selbst messen, ein guter Zoohändler wird dies aber für den Anfänger gerne tun, wenn er danach fragt. Wichtig ist, daß man schon vor dem Kauf der Fische und Pflanzen über die Härte des Leitungswassers Bescheid weiß. Werte zwischen 7 und 20 °dGH sind für die meisten Aquarienfische verträglich. Werden 20 °dGH wesentlich überschritten, sollten ausschließlich Arten gepflegt werden, die hartes Wasser lieben (z.B. Lebendgebärende Zahnkarpfen oder Buntbarsche aus den afrikanischen Seen), ist der Wert unter 7 °dGH, sollten Fische aus Weichwassergebieten gepflegt werden (z.B. Arten aus dem Amazonasgebiet). Übrigens kann man weiches Wasser aufhärten und hartes Wasser enthärten. Wer dies für notwendig hält, kann sich mit der am Ende dieses Buches empfohlenen weiterführenden Literatur informieren. Für die hier besprochenen Fischarten ist eine künstliche Veränderung der Wasserhärte kaum nötig.

Der pH-Wert des Wassers

Dieser Wert beschreibt das mengenmäßige Verhältnis der H^+ (Wasserstoffionen) und der OH^--Ionen (Hydroxylionen) zueinander, das in einer Skala, die von 0 – 14 reicht, ausgedrückt wird. Bei pH 7 ist dieses Verhältnis ausgeglichen, das Wasser ist neutral. pH 0 ist sehr sauer und pH 14 stark alkalisch. Uns sagt dieser Wert einfacher ausgedrückt, wie sauer oder alkalisch unser Wasser ist, wieviel Säure oder Lauge es also enthält. Der pH-Wert des Aquarienwassers sollte für unsere Zwecke zwischen 5 und 7,5 liegen. Werte, die sich darüber oder darunter befinden, sind für viele Arten nicht mehr geeignet. Aber auch hier gibt es wieder Ausnahmen. Die Buntbarsche

Messung des pH-Wertes mit Indikatorflüssigkeiten

Reagenzien zur Messung des PH-Wertes gibt es von verschiedenen Firmen. Die Anwendung ist denkbar einfach. Am sichersten folgt man den Symbolen der Anleitung, die jedem Test beigefügt ist.

Zunächst füllt man das mitgelieferte Meßgläschen mit der vorgeschriebenen Menge Aquarienwasser. Es empfiehlt sich, dieses Gläschen vorher mehrfach mit demselben Aquarienwasser zu spülen, um ein möglichst genaues Ergebnis zu erreichen. Anschließend werden vier Tropfen der Indikatorflüssigkeit zugegeben.

Nach kurzem Umschwenken und einigen Sekunden Wartezeit wird das Gläschen auf die Farbmarkierungen aufgesetzt und mit diesen verglichen, bis man den dem Inhalt des Gläschens am nächsten kommenden Farbkreis gefunden hat. Die über dem so ermittelten Farbkreis stehende Zahl ist der pH-Wert des Aquarienwassers.

Solche Tests gibt es für alle in der Aquaristik notwendigen Messungen (Nitrit, Nitrat, Ammonium, Kupfer, O_2, Chlor usw.), sowohl einzeln als auch in Tests zusammengestellt.

aus den afrikanischen Seen lieben pH-Werte um 8, Neonfische aus dem Amazonas solche um 5. Notwendig sind diese Werte aber meist nicht. Unser Leitungswasser ist in der Regel neutral, d.h., es hat einen pH-Wert von 7 und eignet sich somit hervorragend für unsere Zwecke. Gelegentliches Messen des pH-Wertes gibt Aufschluß über die Wasserqualität und über eventuelle Veränderungen, die dann sofort behoben werden müssen. Der Grund für solche Veränderungen kann z.B. im Abbau organischer Substanzen liegen, wie Eiweiß aus der Fütterung, Urin und Kot der Fische und sich zersetzende Pflanzenreste. Außerdem atmen die Fische, und so entsteht Kohlensäure, die den pH-Wert senken kann. Bei vernünftigem Besatz, sparsamer Fütterung und regelmäßigem Wasserwechsel wird der pH-Wert in unserem Aquarium einigermaßen konstant bleiben. Wer es genau wissen will, kann die im Handel erhältlichen Reagenzien benutzen, um ihn zu messen. Aquarianer, die häufiger den pH-Wert messen, verwenden die sehr zuverlässigen elektronischen Meßgeräte, die es von den verschiedensten Herstellern zu kaufen gibt.

pH-Wert-Messung

Das Aquarium

Das Aquarium Bei der Einrichtung und der Aufstellung eines Aquariums geht man häufig von Gesichtspunkten aus, die weitaus mehr der Wohnsituation und viel weniger den Bedürfnissen der Fische Rechnung tragen. Das ist durchaus verständlich und soll hier nicht kritisiert werden, dennoch ist es wichtig, den künftigen Lebensraum der Fische ein wenig mehr zu durchdenken.

Welches Aquarium ist richtig

Beginnen wir mit der Größe und dem Inhalt des Aquariums. Die handelsüblichen Standardmaße gehen von rechteckigen Behältern mit einer bestimmten Länge, Breite und Höhe aus. Sie sind durch Massenfertigung billig, und man findet meist ein passendes Aquarium, das auf den vorgesehenen Schrank paßt. Inzwischen gibt es aber auch die ausgefallensten Formen im Handel. Sechseckige oder fünfeckige Behälter sind bereits komplett mit Unterschrank und Abdeckung erhältlich.

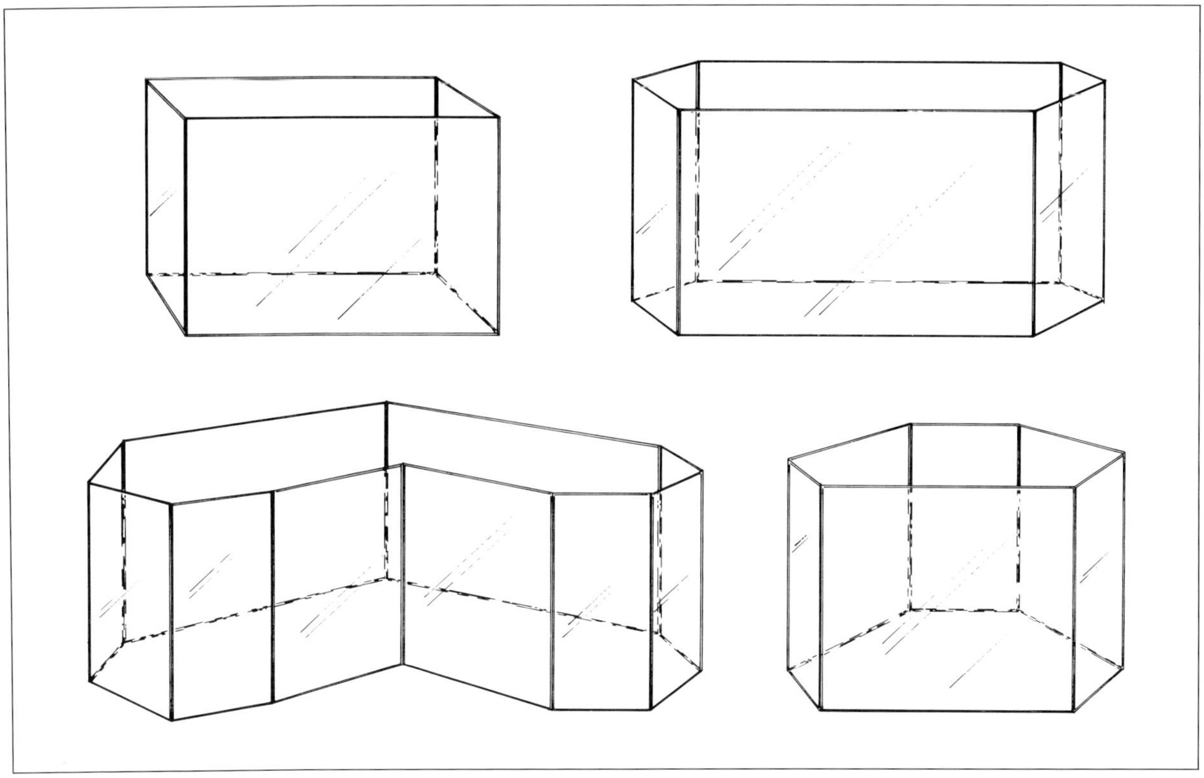

Verschiedene Aquarienformen

Beliebt sind auch sogenannte Panoramaaquarien oder Eckaquarien, die sich oft sehr harmonisch in die Wohnlandschaft einfügen lassen.

Nicht immer passen die Standardgrößen in die bestehende Möbelanordnung. Deshalb lassen besonders die Liebhaber, die auf ein harmonisch ins Wohngefüge passendes Aquarium Wert legen, ihr Aquarium nach Maß anfertigen, und Bastler bauen ihre Becken auch selbst. Dabei müssen aber ein paar Grundregeln beachtet werden, weil die spätere Pflege des Aquariums wesentlich durch Verstöße gegen diese Grundregeln erschwert werden kann. Das betrifft vor allem die Höhe des Aquariums. Auch mit starken Lampen können die Bodenzonen eines über 60 cm hohen Aquariums nicht mehr ausreichend ausgeleuchtet werden. Die beliebten rasenbildenden Vordergrundpflanzen wachsen in solchen Aquarien nur unbefriedigend, weil sie zu weit von der Lichtquelle entfernt sind. Außerdem führt ein hoher Beleuchtungsaufwand häufig zu Algenbildung im Oberflächenbereich, so daß ein Wasserstand von über 50 cm Höhe nicht nur Mehrkosten an Material, sondern auch einen höheren Energieverbrauch mit sich bringt und die dekorative Wirkung solch hoher Aquarien nur mit großem Pflegeaufwand erreicht werden kann.

Die Länge des Aquariums kann allein von den räumlichen Gegebenheiten bestimmt werden und hat lediglich Einfluß auf das Gewicht des Aquariums, was aus statischen Gründen ebenfalls berücksichtigt werden muß. Für schnell schwimmende Fische kann das Becken allerdings nicht lang genug sein!

Dagegen sollte man bei der Tiefe des Aquariums nach Möglichkeit großzügig verfahren. Das wassergefüllte Aquarium verkürzt durch den Brechungsindex des Wassers die Entfernung bis zur Rückwand optisch, und 10 oder 20 cm Zugabe in der Tiefe schaffen bessere Gestaltungsmöglichkeiten bei der Bepflanzung. Besonders deutlich wird dies bei in Zimmerecken eingebauten dreieckigen Aquarien, deren größte Ausdehnung nach hinten mitunter einen Meter erreicht. Es ist dann falsch, in den hinteren Winkel die Filterkammer zu installieren, weil erstens die erreichte

Raumtiefe wieder verlorengeht und zweitens das Hantieren so weit hinten erschwert ist. Allgemein wird unterschätzt, welche Last ein Aquarium auf die Möbel und mit dem Gestell auf den Fußboden bringt. Jeder Liter Wasser wiegt 1 kg. Glas, Rahmen oder Unterschrank sowie Kies und Steine kommen hinzu und ein Aquarium mit den Abmessungen 120 x 50 x 50 cm wiegt mindestens 300 kg. Diese Last ist konzentriert auf etwas über einen halben Quadratmeter Bodenfläche. Nicht jeder Fußboden hält dies aus. Im Zweifelsfall muß ein Statiker zu Rate gezogen werden.

Grundsätzlich ist eine besondere Versicherung für Wasserschäden sinnvoll, weil die Schäden in den darunter gelegenen Wohnungen beträchtlich sein können. Selbst ein kleines Aquarium von nur 50 cm Länge erreicht schon ein Gewicht von mehr als 50 kg, so daß das Aufstellen in Regalen nur durch die Verstärkung der tragenden Bretter mit Profilmetall möglich ist. Kleine Tischchen ohne Beinverstärkung scheiden aus!

Die Standortwahl ist abhängig von der Einrichtung des Raumes. Zwar gewöhnen sich die Fische irgendwann auch an ständig vorübergehende Personen, besser ist es aber, wenn das Aquarium in einer ruhigeren Zone des Raumes, z.B. in der Nähe einer Sitzgruppe aufgestellt wird. Die Wirkung des Tageslichtes, das zudem durch Gardinen gedämpft ist, wird häufig überschätzt. Mit einem Belichtungsmesser läßt sich das leicht überprüfen. Man kann so feststellen, daß die Lichtstärke des Sonnenlichts mit wachsender Entfernung vom Fenster sogar im Quadrat abnimmt. Eine elektrische Beleuchtung ist für das Gedeihen der Wasserpflanzen also unbedingt erforderlich. Wasserpflanzen sind teurer als der Energieverbrauch für eine ordnungsgemäße Beleuchtung.

Gerade an dieser Stelle muß vor eigenen Basteleien dringend gewarnt werden, weil Strom und Wasser zusammen nicht nur für Kinder eine große Gefahrenquelle darstellen. Im Handel gibt es geprüfte und zugelassene Geräte, die speziell für den Einsatz als Aquarienbeleuchtung gebaut wurden. Sie sind nicht billig, aber sicher und entsprechen den Vorschriften des VDE.

Mit der Wahl des Aufstellungsortes muß auch die Frage nach der nächsten Steckdose gestellt werden, notfalls muß man sie in der Nähe des Aquariums installieren lassen. Möglichst kurze Verbindungen sind schon deshalb erforderlich, weil man bei bestimmten Pflegearbeiten die Stromzufuhr grundsätzlich unterbrechen sollte. Normalerweise braucht man mindestens drei Anschlüsse: Beleuchtung, Filter- oder Durchlüftungspumpe und Heizung. Da häufig noch weitere Geräte angeschlossen werden, z.B. eine CO_2-Anlage oder eine zusätzliche Pumpe, empfiehlt es sich, eine Steckerleiste zu besorgen, die es mit bis zu 10 Steckmöglichkeiten gibt. Einige haben außerdem einen Schalter eingebaut, mit dem man mit einem Griff die gesamte Stromzufuhr abschalten kann. Überlegenswert ist immer auch die Installation eines FI-Schutzschalters, falls dieser nicht schon ohnehin in der Installation der Wohnung eingebaut ist.

Bei der Aufstellung des Aquariums sollte immer ein leichter Zugang während der Wartungsarbeiten berücksichtigt werden, da man sonst aus Bequemlichkeit notwendige Wartungsarbeiten gerne lange hinausschiebt und damit den Erfolg seiner Bemühungen gefährdet.

Bei den Überlegungen vor der Anschaffung eines Aquariums wird häufig ein Gedanke außer acht gelassen, der wesentlich für die erfolgreiche Pflege von Fischen und Wasserpflanzen sein kann. Gewöhnlich geht man davon aus, daß es ja zum Anfang erst einmal nur ein kleines Aquarium sein könne, später, nach entsprechenden Erfolgen, wäre ja immer noch Zeit für eine größere Investition. Besonders bei Aquarien als Geburtstagsgeschenke für Kinder ist das sogar verständlich, weil ja nicht feststeht, ob das beschenkte Kind auch dabei bleibt.

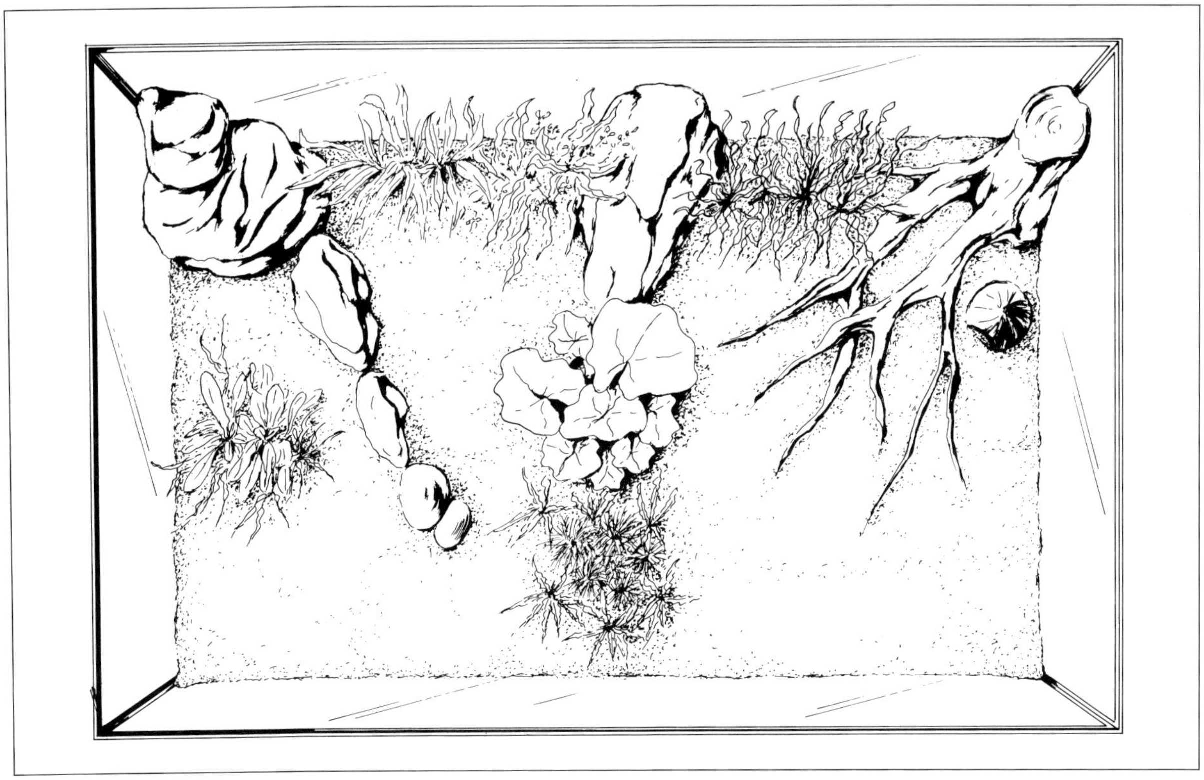

Einteilung eines Aquariums in Reviere

Dennoch wird der Erfolg oft dadurch in Frage gestellt, daß das erste Aquarium einfach zu klein ist. Kleine Aquarien erfordern viel mehr Pflege als große! Sie verschmutzen schneller, die Gefahr, sie mit zu vielen Fischen zu besetzen, ist bedeutend größer und alle biologischen Vorgänge in solch kleinen Aquarien unterliegen viel größeren Schwankungen als in größeren Behältern mit einer größeren Wassermenge. Schon zwei Tage Unaufmerksamkeit können zum Verderben des Bodengrundes und hoher Belastung des Wassers führen, und so kommt es in kleinen Aquarien schneller zu Fischsterben als in größeren. Die Wahrscheinlichkeit des Erfolges wächst also mit dem Inhalt, und weniger als 50 Liter Wasser sollte das Anfängeraquarium für die ersten Fische nicht enthalten.

Die Einrichtung

Damit sind wir beim Lebensraum Aquarium angekommen. Schließlich sollen die Fische ihr Wohlbefinden dadurch bekunden, daß sie ihre natürlichen Farben zeigen, die arteigenen Verhaltensweisen ausführen, kurzum ihr gesamtes biologisches Verhaltensprogramm vorführen. Dazu gehört auch, daß sie auch alle mit der Fortpflanzung verbundenen Verhaltensweisen verwirklichen können, und oft zeigen sie nur dabei die Lebhaftigkeit und die Färbung, die sie als Aquarienfische so attraktiv machen.
Hier kommt häufig der Einwand, daß man keinesfalls an Zucht denke und es genüge, wenn die Fische einfach nur am Leben blieben und sich wohl fühlten. Dem ist entgegenzuhalten, daß gut gepflegte Fische irgendwann ein Reifestadium erreichen, in dem die Fortpflanzung zur normalen Lebensäußerung gehört. Ob man die Jungfische später aufziehen will oder nicht, an der Vermehrung hindern kann man die Tiere in einem gut geführten Aquarium nicht.
Häufig erklären sich Zwischenfälle durch „Störenfriede“, Kämpfe zwischen Rivalen, auch Bißverletzungen und vielleicht sogar

der Verlust einzelner Fische oder empfindlicher Arten damit, daß herangereifte, fortpflanzungsfähige Paare den biologisch erforderlichen Lebensraum freikämpfen wollen. Diesen Lebensraum müssen wir ihnen zur Verfügung stellen. Es ist deshalb nicht gleichgültig, wie wir das Aquarium einrichten und mit welchen Fischen wir es besetzen. Auch wenn wir im Handel meist Jungfische erwerben, die sich zunächst noch geschlechtsneutral verhalten – bald sind sie größer und kräftiger, haben die Geschlechtsreife erreicht und damit erst das bunte Farbkleid; die anfängliche Ruhe und Harmonie ist dann oft dahin. Um solche Probleme zu vermeiden (ausschließen kann man sie nie), muß das Aquarium schon bei der Einrichtung in verschiedene Reviere eingeteilt werden.
Die deutlichste Einteilung ist die in waagerechter Richtung. Die meisten Fische halten sich nämlich in drei Zonen besonders häufig auf: an der Oberfläche, im Mittelwasserbereich und in der Bodenzone. Daneben gibt es auch Arten, die sich an diese Schichtung nicht gebunden fühlen und überall zu finden sind (sofern sie nicht verjagt werden). Andererseits können normalerweise an der Oberfläche lebende Fische in zu stark beleuchteten Aquarien auch Schutz unter Blättern suchen, wenn sie sich nicht wohl fühlen. Ebenso kann es geschehen, daß bodenorientierte Fische auf der Flucht vor stärkeren Bodenbewohnern zwischen den Pflanzen oder gar an der Oberfläche stehen. Das weist jedoch auf gestörte Verhältnisse hin und muß Anlaß sein, Korrekturen vorzunehmen. Unter normalen Bedingungen halten sich auch in flachen Aquarien erstaunlich viele Fische an diese unsichtbaren Grenzen, und damit sind Konflikte von vornherein vermieden. Auch der Fischkauf sollte sich nach dieser Einteilung richten.
Betrachtet man den Körperbau der Fische, so fallen Oberflächenfische durch eine nahezu gerade Rückenlinie und eine gewölbte Bauchpartie auf, Mittelwasserfische entsprechen der üblichen Fischform mit einer etwa gleichstark gekrümmten Rücken- und Bauchpartie, während bodenbewohnende Arten eine oft stark gebogene Rückenlinie bei geradliniger Bauchpartie zeigen. Beispielweise sind Halbschnäbler Oberflächenfische, viele Salmler- und Barbenarten Mittelwasserfische und Panzerwelse typische Bodenbewohner.
Nun gibt es nicht nur „reine Typen“. Regenbogenfische halten sich im Mittelwasserbereich fast immer mit Tendenz zur Oberfläche auf, Barben gründeln gern am Boden, viele Bärblinge aber nehmen in der Natur Insekten von der Wasseroberfläche und tendieren daher mehr zur Oberfläche hin, Buntbarsche können im freien Wasser, zwischen Pflanzen, Steinen und Wurzeln versteckt stehen, aber auch völlig am Boden leben. Andererseits gibt es Welse, die ein Schaumnest unter See-

Oberflächen-, Mittelwasser- und Grundfisch (von oben nach unten)

rosenblättern an der Oberfläche bauen und dort ihre Eier ablegen. Jede Verallgemeinerung läuft Gefahr, durch ein unzutreffendes Beispiel in Frage gestellt zu werden.
Aber nicht nur in dem Raum zwischen Oberfläche und Boden müssen sich die Fische zurechtfinden. Recht schnell lernen sie auch das durch die Bepflanzung und eingebrachtes Dekorationsmaterial gegliederte Aquarium kennen und suchen sich Vorzugsplätze. Schon nach einigen Tagen der Eingewöhnung kann man bestimmte Arten oder einzelne Tiere gezielt an bestimmten Stellen auffinden, weil man inzwischen weiß, unter welcher Pflanze sie sich gewöhnlich verstecken. Andere Arten sind immer zu sehen, weil sie keine spezialisierten Ansprüche haben, wie zum Beispiel Lebendgebärende Zahnkarpfen, viele Barben oder Salmler. Unter Labyrinthfischen, Buntbarschen und Welsen wird man aber stets sehr standorttreue Tiere finden, die zwar zur Futtersuche das gesamte Aquarium durchschwimmen, stets aber in einen bestimmten Bereich zurückkehren. Wird dieser bevorzugte Platz schließlich sogar mit einem Partner geteilt und gegen andere Fische verteidigt, so nennt man dies ein Revier. Bei der Einrichtung eines Aquariums für Buntbarsche mit oder ohne Beifische muß man also durch Pflanzengruppen, Steine, Wurzeln, Höhlen oder Röhren Angebote schaffen, die von den Fischen besiedelt werden. Strukturlos eingerichtete Aquarien ohne markante horizontale Aufteilung werden von den Fischen zwar auch in einzelne Reviere „zerlegt", doch ohne Orientierungspunkte macht man es den Fischen schwerer. Sie sehen den aus dem Revier zu vertreibenden Gegner ständig und es gibt immer wieder neue Reibereien an der durch Kämpfe ausgehandelten Grenze.
Eine Einteilung in Reviere ist relativ leicht zu bewerkstelligen. Wurzeln, Steine und Wasserpflanzen werden so angeordnet, daß abgegrenzte Reviere entstehen. Diese sollten aber nicht zu klein geraten. Ein 1,20 m großes Becken kann man, je nach den Fischarten die gehalten werden sollen, in etwa drei bis fünf größere Bereiche unterteilen.
Da das Aquarium so natürlich wie möglich aussehen soll, wirken Blumentöpfe oder Kunststoffröhren normalerweise eher störend. Sie sind aber gut geeignet als Bruthöhlen oder Verstecke für viele Fischarten. Mit ein paar Fasern Javamoos oder Rhizomstükken der beiden Farne *Microsorium pteropus* und *Bolbitis heudelotii,* die man mit Angelschnur oder unauffälligen Gummiringen befestigt, lassen sich aber auch diese Materialien durch den natürlichen Bewuchs gut ins Gesamtbild einfügen.
Bei der Verwendung von Steinen muß darauf geachtet werden, daß keine Kalksteine ins Aquarium kommen, die das Wasser aufhärten können. Außerdem sollten keinerlei mineralische Einschlüsse vorhanden sein, da sie sich unkontrolliert aus dem Gestein lösen können und so Substanzen ins Wasser abgeben. Gut geeignet sind z.B. Urgestein, Sandstein oder große Kiesel. Nicht verwenden sollte man Jurakalk, Tuff oder Dolomit. Eine Ausnahme machen z.B. Aquarien für Buntbarsche aus dem Malawi- und Tanganjika-See, die hartes Wasser gewohnt sind.
Größere Steine werden grundsätzlich als erste Einrichtungsgegenstände eingebracht – noch bevor der Bodengrund eingefüllt wird. Sie müssen nämlich glatt auf der Bodenplatte aufliegen, da sonst Bruchgefahr besteht. Außerdem werden Steine, die auf dem Kies liegen, von vielen Fischen schnell untergraben. Es kann dann passieren, daß kunstvoll übereinandergeschichtete Steine plötzlich einstürzen. Wer sehr große Steine verwendet, sollte diese mit einer Kunststoffplatte unterlegen. Das Gewicht verteilt sich dann besser auf die ganze Bodenplatte des Aquariums, und die Bruchgefahr ist dadurch gering.
Beliebte Einrichtungsgegenstände sind Wurzeln. Es dürfen aber nicht beliebige, nicht durchgefaulte Wurzeln verwendet werden, da sie im Aquarium schnell verschleimen.

Geeignet sind Moorkienwurzeln, die man früher selbst aus Torfstichen holen konnte, heute aber nur noch über den Fachhandel beziehen sollte. Neugekaufte Wurzeln schwimmen im Aquarium noch lange. Man muß sie also entweder abkochen, um die Luft aus dem Holz zu vertreiben, oder sie so im Aquarium verankern, daß sie nicht aufschwimmen können. Keinesfalls darf eine Wurzel aber zwischen Rahmen und Scheibe o.ä. geklemmt werden, da sie im Wasser stark aufquillt und das Aquarium regelrecht sprengen würde. Am besten bindet man einen entsprechend schweren Stein mit durchsichtiger Angelschnur an die Wurzel. Dies genügt in der Regel, um sie am vorgesehenen Platz zu fixieren.
Außer Wurzeln kann man z.B. als Bruthöhlen auch geteilte Kokosnußschalen oder zerbrochene Blumentöpfe verwenden. Auch sie sollten vor der Verwendung kurz gebrüht werden, um sicher zu gehen, daß sie einwandfrei sauber sind und das Wasser nicht durch irgendwelche Verunreinigungen belasten.

Der Bodengrund

Auch dem Bodengrund muß besondere Aufmerksamkeit geschenkt werden. Bewährt hat sich für fast alle Fischarten dunkler, mittelgrober Kies, der zwischen die Einrichtung gegeben wird, bis der Boden etwa 5 cm damit bedeckt ist. Dieser Kies läßt sich mit den üblichen Bodensaugern oder mit dem altbewährten Schlauch mit Mulmglocke relativ leicht reinigen, ohne ihn mit abzusaugen, was bei zu feinem Bodengrund leicht geschehen kann. Zu grober Kies ist ungeeignet, da der gesamte Schmutz zwischen den Kieseln durchfällt, dort liegenbleibt und dann nicht mehr abgesaugt werden kann.
Vor allem Bodenfische benötigen allerdings etwas feineren Untergrund, der zudem glatt und ohne scharfe Kanten sein muß, da sie sich sonst verletzen können.

So werden Steine übereinander geschichtet, um möglichst viele Höhlen als Verstecke zu erhalten.

Prinzipiell können also die verschiedensten Bodengrundarten verwendet werden, nur eines sollte man nicht tun: den überall angebotenen hellen, fast weißen Kies verwenden, gleich welcher Körnung! Es mag ja sein, daß das frische Grün der Wasserpflanzen auf hellem Kies für unsere Augen einen sauberen, gepflegten Eindruck macht, aber den Fischen ist dunkler Bodengrund lieber. Sie passen sich mit ihrer Färbung stets der Umgebung an und sind über dunklen Böden meist intensiver gefärbt, über weißem Kies aber farblos. Natürlich ist es möglich, intensiv rote Fische, wie zum Beispiel Zuchtformen von Schwertträgern oder Platys mit Black Mollys zwischen hellgrünen Pflanzen und über weißem Kies schwimmen zu lassen, weil diese lebendgebärenden Zahnkarpfen eine stabile Körperfärbung haben. Die Mehrzahl der Fische aber wird unter diesen Umständen blaß bleiben. Hinzu kommt, daß der helle Bodengrund mit der Zeit durch Kieselalgen o.ä. braun oder grün wird, seine „schöne“ weiße Farbe also ohnehin einbüßt.

Es ist auch eine Frage des Standpunktes, welcher Sauberkeitsgrad im Aquarium erreicht werden soll. Hier scheiden sich die Geister. Während ein Teil der Aquarianer bemüht ist, jede kleine Mulmansammlung vom Kies abzusaugen, haben andere gegen begrenzte Mulmansammlungen nichts und legen nur Wert darauf, daß regelmäßige Teilwasserwechsel erfolgen. Wieder andere ergänzen nur das verdunstete Wasser und finden, das genüge auch. Leider wird bei dieser Diskussion häufig vergessen, unter welchen Bedingungen die jeweils geschilderten Aquarien gepflegt wurden, welche Fische und Pflanzen gehalten wurden und wie stark das Becken besetzt war. Die Streitpunkte scheinen aber vor allem zu sein, was man noch als natürlich, was als gepflegt und welchen Zustand man bereits als „vernachlässigt“ ansieht.

Was das mit dem Bodengrund zu tun hat? Es hängt doch bereits von der Wahl der Bodengrundfarbe ab, ob klinische Sauberkeit demonstriert werden soll oder die Belange der Aquarienfische und der Wasserpflanzen im Vordergrund stehen. Interessant ist es, sich die auf Ausstellungen gezeigten Aquarien einmal daraufhin anzuschauen. Dort ist immer das große Problem, daß innerhalb kürzester Zeit vor der Eröffnung möglichst ansprechende Unterwasserlandschaften gestaltet werden müssen. Dazu wird der Kies peinlich sauber gespült, um nur ein Minimum an Schwebstoffen zuzulassen, die der Filter in der Nacht vor der Eröffnung gerade noch bewältigen kann. So sauber sehen die Heimaquarien der ausstellenden Liebhaber keinesfalls immer aus. Allerdings läßt sich hier beobachten, daß die Eingewöhnnung der Fische in mit hellem Kies beschickten Aquarien deutlich langsamer vor sich geht. Doch auch in anderer Hinsicht kann man bei solchen Ausstellungsaquarien überrascht werden. Es geht um die häufig empfohlenen Zusätze von Lehm, Torf oder Düngerkonzentraten, von deren Vorhandensein das Gedeihen der Wasserpflanzen abhängen soll. Was zeigt sich aber? Auch bei länger währenden Ausstellungen kümmern die Wasserpflanzen keinesfalls, obwohl aus den erwähnten Gründen der Bodengrund besonders sorgfältig ausgewaschen wurde. Entweder gleichen die Wasserpflanzen diesen Nährstoffmangel durch Reserven aus oder sie nehmen aus dem frischen Wasser ausreichend mineralische Stoffe auf.

Nun wollen wir keineswegs Kies oder Sand lediglich als Verankerungsgelegenheit für die Wurzeln der Pflanzen ansehen, zumindest aber unmittelbar nach dem Einpflanzen ist das so! Stecklinge haben noch keine Wurzeln getrieben, und das grobe Wurzelwerk der Rosettenpflanzen wurde gerade beim Herausnehmen aus dem Händleraquarium der feinen Wurzelbestandteile beraubt, mit denen die Nährstoffe hauptsächlich aufgenommen werden.

So lange, bis eine neue, aufnahmefähige Feinwurzelmasse gebildet wird, kann die Nährstoffzufuhr nur über die Blätter erfolgen, und damit sind viele Diskussionen um die Bedeutung des Bodengrundes und seiner Zusammensetzung schon hinfällig. Was dann später, nach mehreren Tagen, Wochen oder gar Monaten durch Einarbeiten von Mulm und nicht auszuschließende Zersetzungsvorgänge im Bodengrund geschieht und welchen Einfluß diese Prozesse auf die Entwicklung der jeweils verwendeten Wasserpflanzen haben, kann vom Liebhaber nur dadurch beeinflußt werden, daß er sich um die Durchlässigkeit des Bodengrundes, also um eine gewisse Wasserzirkulation bemüht. Alle Zersetzungsprozesse, die in Anwesenheit von Sauerstoff vor sich gehen, gefährden das Leben im Aquarium nicht. Ist aber der Bodengrund so dicht, daß über längere Zeiträume hindurch kein Sauerstoff oder nicht genügend davon vorhanden ist, entstehen die berüchtigten „schwarzen Stellen". Rührt man mit einem Stab eine solche schwärzlich verfärbte Bodengrundpartie durch, so zeigt sich schon nach wenigen Stunden die ursprüngliche Kiesfarbe wieder, weil nunmehr sauerstoffreiches Wasser das Ende dieser Fäulnisprozesse bewirkte. Die giftigen Fäulnisprodukte sind dann allerdings im Wasser.

Es ist also weniger die Korngröße das Problem, sondern die Durchlässigkeit des Bodengrundes. Auch der gröbste Kies kann bei starken Mulmansammlungen keinen Wasserdurchsatz mehr gewährleisten, allerdings ist die Gefahr bei feinem Sand wegen der ohnehin geringen Zwischenräume natürlich größer. Deshalb muß man beim wöchentlichen Wasserwechsel mit einer Mulmglocke den erreichbaren Teil der Sinkstoffe abziehen, ohne daß zwischen den Pflanzen jeder kleine Rest mit erfaßt werden muß. Wer befürchtet, daß dort keine ausreichende Zirkulation gegeben ist, sollte den Bodengrund unter den Pflanzen von Zeit zu Zeit vorsichtig auflockern. Wenn dabei ein bißchen Mulm aufgewirbelt wird, ist das nicht schlimm, denn der Filter wird damit leicht fertig.

Ein anderer Aspekt soll hier erwähnt werden. Für viele gründelnde Fische, zum Beispiel Barben, sind die im Mulm lebenden Bakterien lebenswichtig, weil sie den Fischen bei der Verdauung helfen. Durch Experimente konnte bewiesen werden, daß in peinlich sauber gehaltenen Aquarien ohne Sand die Versuchsfische nicht wuchsen, obwohl gut gefüttert wurde. Darmuntersuchungen bestätigten, daß parallel dazu in Aquarien mit Bodengrund und Mulm gehaltene Geschwister große Mengen der im Mulm festgestellten Mikroorganismen in ihrer Darmflora besaßen. Die absolut sauber gehaltenen Tiere waren ohne diese Bakterien ganz offensichtlich nicht in der Lage, aus dem gereichten Futter die für sie notwendigen Nährstoffe zu entziehen, weil die Aufbereitung durch Bakterien fehlte. Nun sieht man aber nicht nur Barben gründeln. Viele der als Räuber und Fleischfresser angesehenen Buntbarsche kauen gelegentlich Sand durch, der offensichtlich auch abgeschluckt wird, wie Kotproben bewiesen haben. Eine gewisse Menge an Mulm kann also ruhig im Bodengrund verbleiben.

Viele Aquarianer schwören, daß ihre Erfolge bei der Gestaltung gut bepflanzter Aquarien ohne Zusätze von Ton, Lehm oder Torf nicht gelingen würden. Dem soll nicht widersprochen werden. Mit Sicherheit entnehmen eingewurzelte Pflanzen einem solchen Nährstoffdepot wesentliche Bestandteile für ihren Aufbau. Nutzbar sind diese Bestandteile jedoch nur, wenn sie der Pflanze auch zugänglich sind, und dazu gehört eine Wasserzirkulation im Bodengrund, die auch Sauerstoff an die Wurzeln gelangen läßt. Nicht Korngröße und Zuschlagstoffe, sondern hauptsächlich der Zustand des Bodengrundes entscheidet also, ob Pflanzen gut gedeihen oder kümmern. Die Pflegemaßnahmen müssen darauf gerichtet sein, diese Zirkulation aufrechtzuerhalten.

Normalerweise verwendet man in Warmwasseraquarien einen Heizstab, der das Wasser konstant auf etwa 24 °C hält. In beheizten Räumen wird der Regler nur selten einschalten, zumal auch die Beleuchtung eine gewisse Wärme abgibt. Im Zuge der Energieeinsparung heizen aber viele Aquarianer ihre Wohnung tagsüber, wenn sie nicht zuhause sind, nur auf 18 bis 20 °C auf. Eine Heizung ist also notwendig. Normalerweise schafft es die Heizung nur bei sehr durchlässigem Bodengrund, auch diesen auf der erforderlichen Temperatur zu halten. Die meisten Pflanzen lieben allerdings „kalte Füße" nicht. Es kann also überlegt werden, ob nicht eine Bodenheizung installiert werden soll. Es gibt Geräte, die mit Heizschlangen direkt am Aquarienboden festgemacht werden und mit Niederspannung arbeiten, also auch noch einen zusätzlichen Sicherheitsfaktor darstellen. Wer Fische halten will, die häufig graben, wie z.B. Buntbarsche, sollte allerdings einen herkömmlichen Heizstab verwenden, denn spätestens wenn die Tiere laichreif werden, graben sie die Heizschlangen aus die dann freiliegen und unschön aussehen.

Die Aquarientechnik

Die Technisierung der Aquaristik hat in den letzten Jahrzehnten riesige Fortschritte gemacht. Wurden noch vor 40 Jahren Aquarien mit Gaslämpchen beheizt, so kann man heute Niedervolt-Heizgeräte benutzen, die mit einem elektronischen Thermostat ausgerüstet sind. Auch in der Filtertechnik und vor allem bei der Beleuchtung sind die heute erhältlichen Geräte nicht mehr mit den einfachen Konstruktionen früherer Zeiten vergleichbar. Diese Entwicklung hat nicht nur Vorteile gebracht. Es gibt auch in der Aquaristik eine Technikgläubigkeit, die die tatsächlichen Ansprüche unserer Pfleglinge häufig verdrängt. So werden Probleme beim Pflanzenwachstum dann nicht in falscher Fütterung oder schlechter Wasserpflege gesucht, sondern es werden womöglich teure Geräte gekauft, um genaue Wasseranalysen durchzuführen oder ein neuer, besonders vielversprechender Hochleistungsfilter muß her. Und wenn eine Krankheit ausbricht, wird nicht nach den Ursachen gesucht, sondern es werden die Erreger mit einer UV-Lampe abgetötet.
Nun sollen hier nicht die Errungenschaften der Technik bestritten werden. Viele moderne Geräte helfen uns, die Aquaristik besser und sicherer zu führen als früher. Entscheidend ist der vernünftige Einsatz bewährter Geräte mit dem notwendigen Sachverstand. Die folgenden Abschnitte sollen hier helfen, die wichtigsten Grundlagen zu vermitteln.

Beleuchtung Das Sonnenlicht hat für unsere Aquarienfische eine große Bedeutung. Es steuert z.B. den Tagesablauf der meisten Fische direkt, denn viele sind nachtaktiv und meiden das offene Wasser bei Helligkeit. Bei den meisten Fischen ist es jedoch umgekehrt. Sie erscheinen erst, wenn die Sonne aufgeht und teilen ihren Tag durchaus auch nach dem Sonnenstand ein. Viele Fische vermehren sich z.B. in den frühen Morgenstunden, wenn die Sonne noch tief steht und verlassen das offene Wasser erst, wenn sie wieder am Himmel verschwindet. Manche Fische, z.B. Welse, ziehen dämmrige Aquarien vor, Salmler oder Barben lieben eher lichtdurchflutete Becken. Es kommt also auch darauf an, welche Fische wir später halten wollen.
Vor allem unsere Wasserpflanzen gedeihen nur bei entsprechendem Licht ausreichender Menge und Qualität. Die ausreichende Lichtmenge erreichen wir durch die Anzahl und Lichtstärke der verwendeten Lampen, die wir verwenden. Sie wird meist in Watt angegeben, was zwar technisch nicht ganz korrekt ist, als Anhaltswert für unsere Auswahl aber genügt.
Die Qualität des Lichtes, also seine „spektrale“, farbliche Zusammensetzung, wird durch die besonderen Eigenschaften des jeweiligen Leuchtmittels erreicht. Leuchtstoffröhren z.B. gibt es in verschiedenen Leuchtfarben, d.h., ihre spektrale Zusammensetzung ist unterschiedlich. Es gibt Röhren, die viele Blau- und Rotanteile besitzen, andere, die weiß oder gelb strahlen. Welche Leuchtmittel für die Aquaristik besonders geeignet sind, soll hier ausgeführt werden.

Verspiegelte Glühlampe in einem Pflanzenstrahler

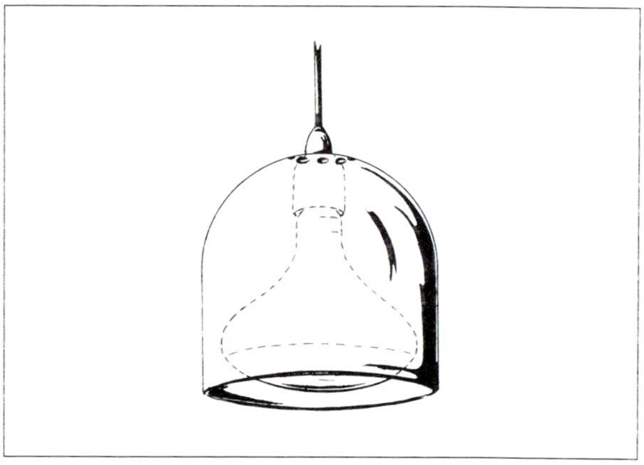

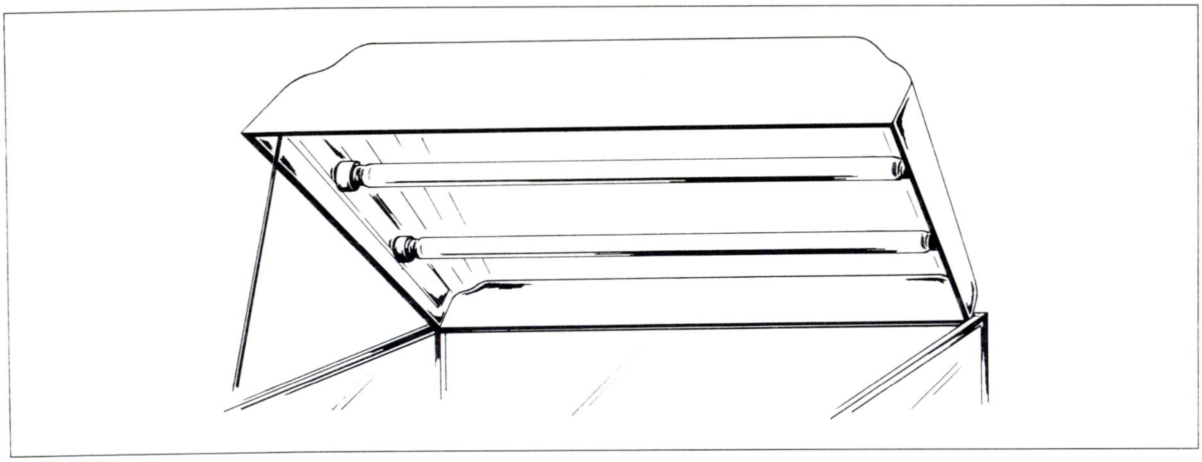

Aquarienabdeckung mit zwei eingebauten Leuchtstoffröhren (von unten gesehen)

Letztendlich ist aber auch entscheidend, wie naturgetreu unser Aquarium aussehen soll. Für die Pflanzen wäre z.B. ein rotblaues Licht am günstigsten. Würde uns aber ein so unnatürlich aussehendes Aquarium zusagen? Im Handel gibt es zum Glück viele Leuchten, die für unsere Zwecke geeignet sind und mit denen wir unsere Wünsche durch geschickte Auswahl der verwendeten Leuchtmittel leicht verwirklichen können. Wir müssen dem Zoohändler aber sagen können, worauf es uns ankommt.

Entscheidend für die Wahl der Beleuchtung sind also vier Punkte:

- Welche Fische und Pflanzen sollen gehalten werden?
- Welche Beleuchtungstärke brauche ich? (wird meist in Watt angegeben)
- Welche Lampenfarbe ist richtig?
- Wie natürlich soll mein Aquarium aussehen?

Früher verwendete man für Aquarien ausschließlich **Glühlampen.** Sie eignen sich nur für sehr kleine Aquarien oder Quarantänebecken. Beim Betrieb erwärmen sich die Glühlampen stark, und die Lichtausbeute hält sich in Grenzen. Sie sind aber billig und als Behelf für die erwähnten Aquarientypen durchaus geeignet. Im Handel wird man sie kaum mehr speziell für Aquarien erhalten, und wer sie unbedingt benutzen will, sollte auf sogenannte „Pflanzenstrahler" zurückgreifen, da sie eine gute Farbzusammensetzung und außerdem durch eine Innenverspiegelung auch einen größeren Leuchtwinkel haben.

Für die meisten Aquarien ideal sind **Leuchtstoffröhren.** Seit Jahrzehnten verwendet man sie nun schon in der Aquaristik. Durch die hohe Lichtausbeute, aber auch durch das immer wieder verbesserte Farbspektrum, haben sie heute einen festen Platz in der Aquaristik. Hinzu kommt, daß Leuchtstoffröhren sich im Gegensatz zu allen anderen Aquarienleuchten kaum erwärmen und dadurch das Aquarienwasser nicht zu sehr aufheizen. Günstig ist eine Kombination verschiedener Lampenfarben. Als optimale Kombination gilt die Verwendung von sogenannten Wachstumslampen, z.B.einer Lumilux-Fluora (Lichtfarbe 77) und einer Tageslichtröhre (z.B. Lumilux Lichtfarbe 11). Die Wachstumslampen alleine wirken stets etwas unnatürlich, was durch die Tageslichtröhren gut ausgeglichen wird. Wer es eher dämmriger haben oder die gelbliche Tönung von „Schwarzwasser" erreichen will, sollte jedoch eine Tageslicht-DeLuxe verwenden, die gelblicher ist und dadurch eine „wärmere"

Beleuchtung des Aquariums bewirkt. Wie eingangs erwähnt ist aber die Farbzusammensetzung der einzelnen Röhren nicht das allein Entscheidende, wenn die Lichtmenge dem Bedarf der später gehaltenen Tiere und Pflanzen gerecht wird. Hier gilt, daß die Lichtfarbe die günstigste ist, die dem Tageslicht am nächsten kommt. Zwei Leuchtstoffröhren über die gesamte Beckenlänge sind völlig ausreichend, nur spezielle Pflanzenaquarien sollten mit drei Röhren ausgerüstet werden. Damit braucht man sich auch um die Wattzahl der jeweiligen Röhren keine Gedanken zu machen, denn sie ergeben sich automatisch aus ihrer Länge.

Die im Handel erhältlichen Leuchten mit Leuchtstoffröhren sind übrigens wasserdicht und müssen mit dem GS-Zeichen (Geprüfte Sicherheit) des VDE (Verband der Elektroindustrie) ausgewiesen sein, da sie sonst für Aquarien nicht verwendet werden dürfen. Von irgendwelchen Eigenkonstruktionen sollte man hier unbedingt die Finger lassen, denn Unfälle mit Wasser und 220 Volt sind besonders gefährlich.

Quecksilberhochdrucklampen (HQL) werden erst seit wenigen Jahren in der Aquaristik verwendet. Diese Lampen sind für Aquarien ab 80 cm Länge hervorragend geeignet. Das Farbspektrum der Lampen ist für unsere Zwecke geradezu ideal, denn sie erzeugen ein helles, aber dennoch warmes Licht. Im Gegensatz zu den flachen, langen Lampengehäusen der Leuchtstoffröhren, die relativ dicht über der Wasseroberfläche aufgehängt und zur Fütterung oder für Wartungsarbeiten jedesmal entfernt werden müssen, sind HQL-Lampen in Hängeleuchten untergebracht, die etwa 30 cm über dem Wasserspiegel aufgehängt werden und dadurch gerade in einem Wohnraum sehr gut wirken. Durch die kompakte Strahlerbauweise hat man über dem Becken dann noch bequem Platz für die Wartungsarbeiten. Für ein 80 cm langes Becken reicht eine 80 Watt-Leuchte aus, für längere Becken benötigt man entsprechend mehr Leistung oder zwei Leuchten.

Für größere Aquarien werden mehrere HQL-Leuchten benötigt.

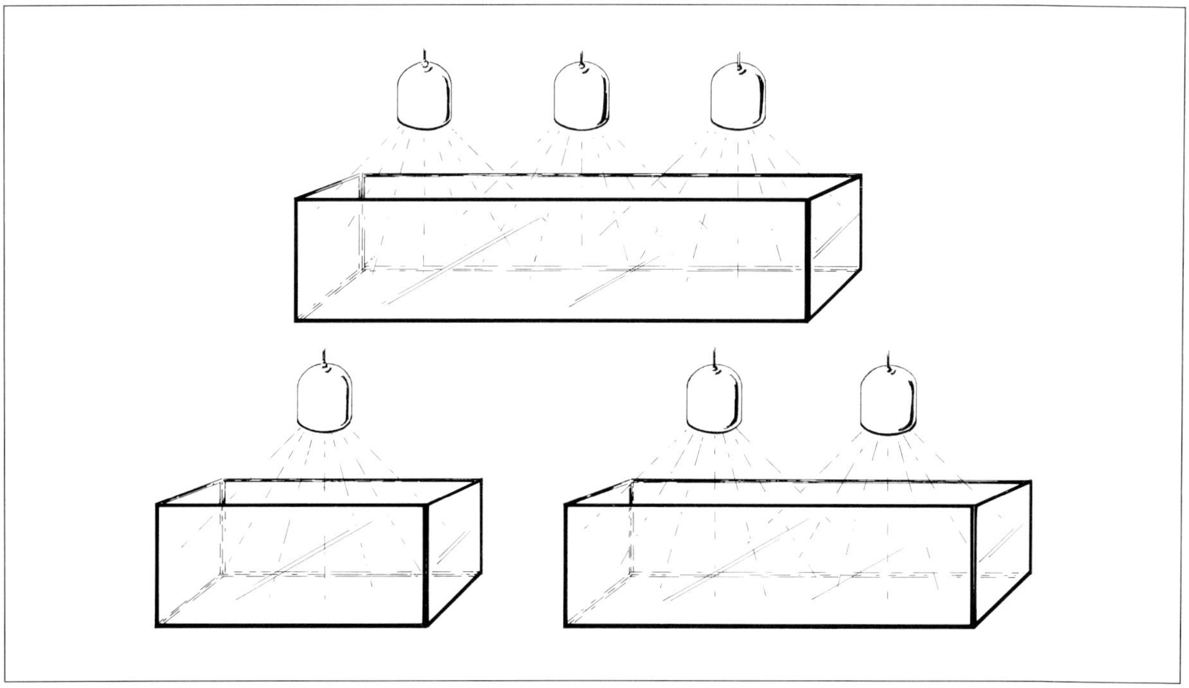

Die **HQI-Lampen** oder **Metalldampflampen** (Osram Power-Star HQI u.ä.) haben sich in der Süßwasseraquaristik bisher nicht durchgesetzt. Sie werden hauptsächlich für Seewasserbecken und für sehr große Süßwasseraquarien benutzt. Für unsere Zwecke sind sie zu stark und auch zu teuer.
Für eine der oben aufgeführten Leuchtentypen sollte man sich also entscheiden. Der Zoohändler berät den Neuling hier gerne und zeigt ihm die verschiedenen Geräte. Wer sich ein Komplettaquarium kaufen will, und hier gibt es heute durchaus vernünftige Zusammenstellungen, der sollte besonders auf die mitgelieferte Beleuchtung in der Abdeckung achten. Nicht immer entspricht sie den erwähnten Anforderungen.

Heizung

Wie schon erwähnt wurde, ist die Installation einer Heizung in unseren Aquarien notwendig, um eine einigermaßen gleichmäßige Temperatur zu garantieren. Ideal sind Werte um 24 °C, da diese Temperatur für die meisten tropischen Fische optimal ist.
Zu diesem Zweck werden vor allem gewöhnliche Stabheizer verwendet, die preiswert und in allen Wattstärken erhältlich sind. Im Glasrohr des Heizers befindet sich ein Thermostat, der die einmal eingestellte Temperatur zuverlässig regelt. Die Genauigkeit ist mit +/– 1 °C ausreichend genau, denn auch in natürlichen Gewässern gibt es zumindest leichte tägliche Temperaturschwankungen. Behauptungen, die Thermostate würden gelegentlich klemmen, treffen heute nicht mehr zu. Trotzdem sollte man einen neuen Heizer nach dem Einbau in den ersten Tagen und Wochen besonders genau beobachten, um solche Fehlfunktionen auszuschließen. Als zuverlässige Funktionskontrolle dient eine eingebaute Glimmlampe, die aufleuchtet, wenn der Heizer arbeitet. Mit dieser Glimmlampe kann man auch die gewünschte Temperatur einregulieren. Man liest am Thermometer die derzeitige Temperatur des frischen Wassers ab, steckt den Heizer ein und dreht solange in Richtung + der Skala des Thermostaten, bis die Kontrollampe gerade so aufleuchtet. Nach einiger Zeit wird sie erlöschen. Jetzt liest man erneut ab und dreht etwas weiter, bis die Lampe erneut aufleuchtet. Dies wiederholt man solange, bis 24 °C erreicht sind. Einfacher hat man es bei Heizern, die mit einer Temperaturskala ausgerüstet sind. Hier kann man gleich die gewünschte Temperatur einstellen, die allerdings nie genau erreicht wird. Eine Feinabstimmung in der vorgenannten Weise ist also auch hier nötig.
Wichtig ist die richtige Unterbringung des Stabheizers. Es ist sinnvoll, ihn hinter größeren Steinaufbauten zu verbergen, damit man ihn von vorne nicht sieht. Auch mit buschigen Pflanzen oder mit einer Wurzel läßt er sich leicht verdecken. Eine sichere Umspülung des Heizstabes muß aber stets gewährleistet sein, um Wärmestaus zu verhindern. Ideal ist die der Umwälzpumpe gegenüberliegende Ecke. Dort wird der Heizstab direkt vom Pumpenstrahl getroffen.
Wer sicher gehen will, sollte den Heizer nur bis zur Kappe eintauchen. Normalerweise können alle modernen Stabheizer zwar voll untergetaucht betrieben werden, die Bedienungsanleitung gibt aber darüber Aufschluß, welche Einbautiefe für das einzelne Gerät optimal ist. Manche Fabrikate weisen an der entsprechenden Stelle eine Markierung auf.
Die Heizstärke des Heizstabes hängt von der jeweiligen Beckengröße ab. Sie wird in Watt angegeben. Maßgebend ist die niedrigste Temperatur im Winter. Dabei muß der Heizer noch in der Lage sein, das Becken ausreichend zu erwärmen. Unter 20 °C darf das Wasser dabei nicht abkühlen. Um einen Anhaltswert zu erreichen, zieht man vom Beckenvolumen das Volumen der Einrichtung ab. Die erreichte Literzahl gibt die benötigte Wattzahl des Heizers einigermaßen

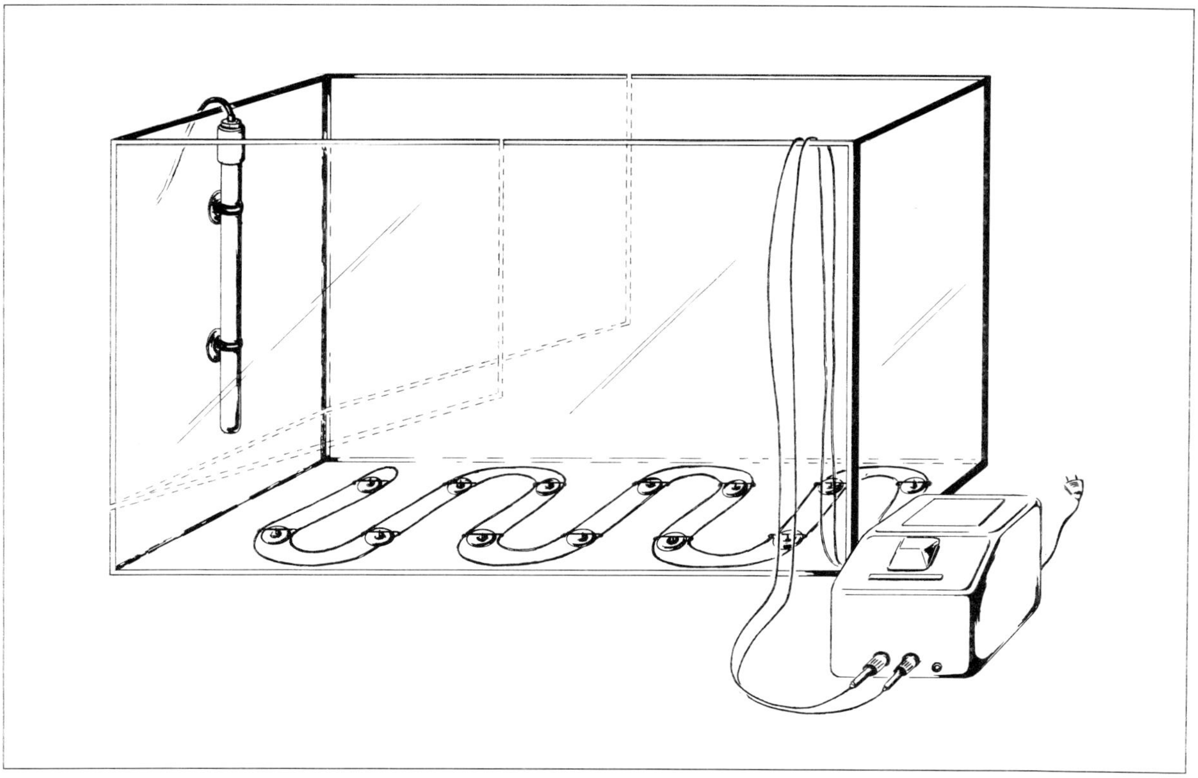

genau an. In sehr kalten Räumen, z.B. im Keller, muß man diese eventuell etwas erhöhen.

Beispiel: Ein Aquarium mit 80 Liter Fassungsvermögen hat Steine, Wurzeln und Kies mit etwa 20 Liter Volumen als Einrichtung. 80 l minus 20 l ergeben ein restliches Wasservolumen von 60 l. Der Heizer sollte also etwa 60 Watt Heizleistung aufweisen.

Aus Gründen der Sicherheit sollte ein Heizer auf keinen Fall übertrieben groß gewählt werden, da im Falle eines Defektes des Reglers die Insassen sonst „abgekocht" werden. Im Normalfall unterschätzt man auch häufig das tatsächliche Volumen der Einrichtung. Viele Steine und eine oder zwei großen Wurzeln nehmen oft mehr als ein Drittel des Beckenvolumens ein. Dies muß also in obiger Rechnung berücksichtigt werden.
Eine Bodenheizung empfiehlt sich vor allem für die Aquarianer, die besonderen Wert auf üppiges Wachstum auch empfindlicher Pflanzen legen. Pflanzen mögen nämlich „warme Füße". Allerdings werden die Heizschlangen

Oben: Stabheizer (links) und Niedervolt-Bodenheizung mit 220 Volt-Transformator (rechts). Unten: Glas- und Klebethermometer

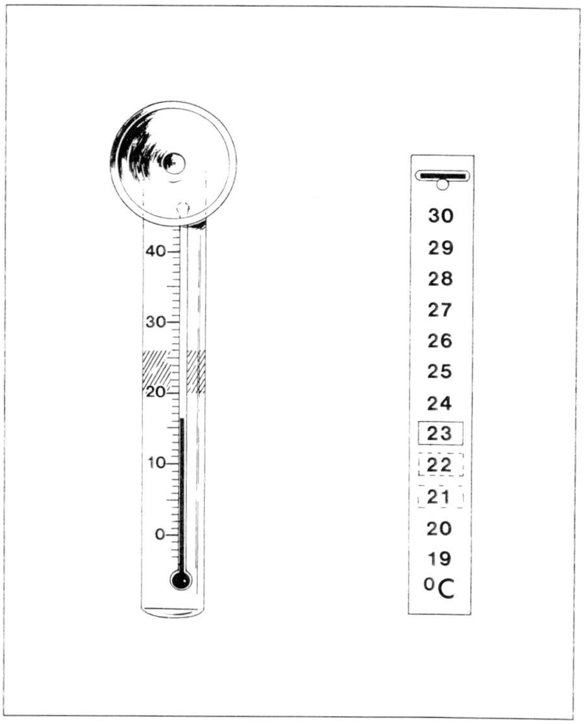

oder -schläuche von gründelnden oder grabenden Fischen auch ausgegraben und erfüllen dann ihren Zweck nicht mehr. Die Heizschlangen können natürlich auch hinter der Einrichtung verlegt werden und stören dann kaum. Bodenheizungen werden meist mit Niedervolttrafos betrieben und sind dadurch besonders betriebssicher.

Heizmatten, die unter das Aquarium gelegt werden, werden heute kaum noch eingesetzt. Die Wärmeverluste sind zu hoch, und nach längerem Einsatz kleben die Matten so am Unterschrank oder an der Bodenscheibe fest, daß man sie nur noch mit Gewalt herunterreißen kann und dabei vollkommen zerstört.

Zur Kontrolle der Heizung und der Wassertemperatur benötigen wir ein Thermometer. Am einfachsten und immer noch am genauesten ist das einfache Glasthermometer, das mit einem Saugnapf gut ablesbar an der Aquarienscheibe angebracht wird. Es ist mindestens +/– 1 °C genau. Sehr praktisch sind auch selbstklebende Thermometer mit Flüssigkristallen, die sich je nach Temperatur verfärben. Sie reagieren zwar etwas langsamer; richtig angebracht sind sie aber ebenfalls ausreichend genau.

Filterung und Belüftung Abgesehen vom unverzichtbaren regelmäßigen Wasserwechsel ist die Filterung die einzige Möglichkeit die wir haben, um unser Aquarienwasser so klar und sauber zu halten, wie es unsere Fische benötigen.

Gerade bei der Filterung werden aber immer wieder Fehler gemacht. Man muß sich daher zunächst klar werden, was die Filterung eigentlich kann und was nicht. Zunächst werden bei der Filterung zwei grundsätzliche Ziele verfolgt: eine optische Klärung des Wassers und das Entfernen von gelösten Schadstoffen.

Die Aufgabe der optischen Klärung ist, im Wasser schwimmende Partikel, wie Futterreste, aufgewirbelten Mulm oder abgestorbene Pflanzenteile, zu entfernen. Dies erreicht man am besten mit Filtern, die mit Watte oder Schaumstoffpatronen als Filtermedium bestückt sind. Eine Pumpe saugt das Wasser aus dem Aquarium an und führt es durch das Filtermaterial. Dort bleiben die Schmutzteile hängen. Das klare Wasser fließt ins Aquarium zurück.

Solche Filter gibt es in den verschiedensten Varianten und man kann sich je nach Aquariengröße, gewünschter Durchflußleistung und angestrebter Strömung ein passendes Gerät aussuchen. Man unterscheidet vor allem zwei grundsätzlich unterschiedliche Konstruktionen: Außenfilter und Innenfilter. Welchen man nun verwendet, hängt vor allem von der Beckengröße ab. Kleine Aquarien haben ohnehin schon ein geringes Wasservolumen. Stellt man nun noch einen Innenfilter dazu, so wird der für die Fische übrigbleibende Schwimmraum noch kleiner. Hier empfiehlt sich also ein Außenfilter, der entweder an der Aquarienseite hängt oder als sogenannter Topffilter konstruiert ist, den man z.B. unter den Aquarienschrank stellen kann. Allerdings gibt es speziell für ganz kleine Aquarien auch Innenfilter, die so konstruiert sind, daß sie exakt in eine Ecke des Beckens passen. Sie werden vor allem bei Komplettangeboten mitgegeben und sind, entsprechende Qualität vorausgesetzt, durchaus geeignet. Der Vorteil von Innenfiltern besteht vor allem in der Tatsache, daß man keine zusätzlichen Geräte und vor allem Schlauchverbindungen außerhalb des Aquariums benötigt. Es kann also keine Wasserschäden durch undichte Verbindungen o.ä. geben. Außenfilter haben aber dennoch einige andere Vorteile. Man kann sie relativ groß dimensionieren, da sie im Aquarium keinen Platz wegnehmen. Bei ihrer Reinigung werden außerdem keine Beckeninsassen gestört, da man im Aquarium überhaupt nicht hantieren muß. Außerdem können in geräumigen Außenfiltern auch verschiedene Filtermassen übereinander geschichtet werden, was in besonderen Fällen von Vorteil sein kann (Filterung z.B. über Torf oder Aktivkohle).

Eines können beide Filter aber nicht: Sie können keine gelösten Schmutzstoffe aus dem Aquarienwasser entfernen! Und ein weiteres Problem muß uns vollkommen klar sein. Das Wasser ist zwar nach der Filterung klar, der Schmutz befindet sich aber nach wie vor im Wasser, denn die Partikel werden zwar im Filter zurückgehalten, das Aquarienwasser läuft aber im Filterkreislauf immer wieder über diesen Schmutz. Soll er nun nicht zu faulen anfangen, muß er entfernt werden. Es leuchtet hoffentlich jedem ein, das dies gar nicht oft genug gemacht werden kann. Mindestens einmal in der Woche, bei hohem Fischbesatz noch häufiger, muß also die Filtermasse entnommen und sauber unter fließendem Wasser ausgewaschen werden. Mit den modernen Filtergeräten ist dies eine Aktion von vielleicht 15 Minuten. Mehr muß nicht getan werden. Und diese 15 Minuten müssen uns die Gesundheit und das Wohlbefinden unserer Fische wert sein. Zusammen mit dem 5%igen Teilwasserwechsel und kleineren Wartungsarbeiten benötigen wir pro Woche dann etwa eine Stunde, um die notwendigsten Arbeiten am Aquarium durchzuführen. So viel Zeit sollte jeder haben!

Es wird zwar immer wieder behauptet, daß in der Filtermasse von Aquarienfiltern auch Bakterien biologische Abbauarbeit verrichten. Manche Hersteller empfehlen sogar, den Filter nicht zu oft zu reinigen, um diese Bakterien nicht bei ihrer Arbeit zu stören. Dies ist natürlich theoretisch richtig, denn in jedem Filter bilden sich mit der Zeit Bakterien, die Giftstoffe zersetzen können. Es kann an dieser Stelle aber nur davor gewarnt werden, her-

Topf-, Außen- und Innenfilter (von links nach rechts)

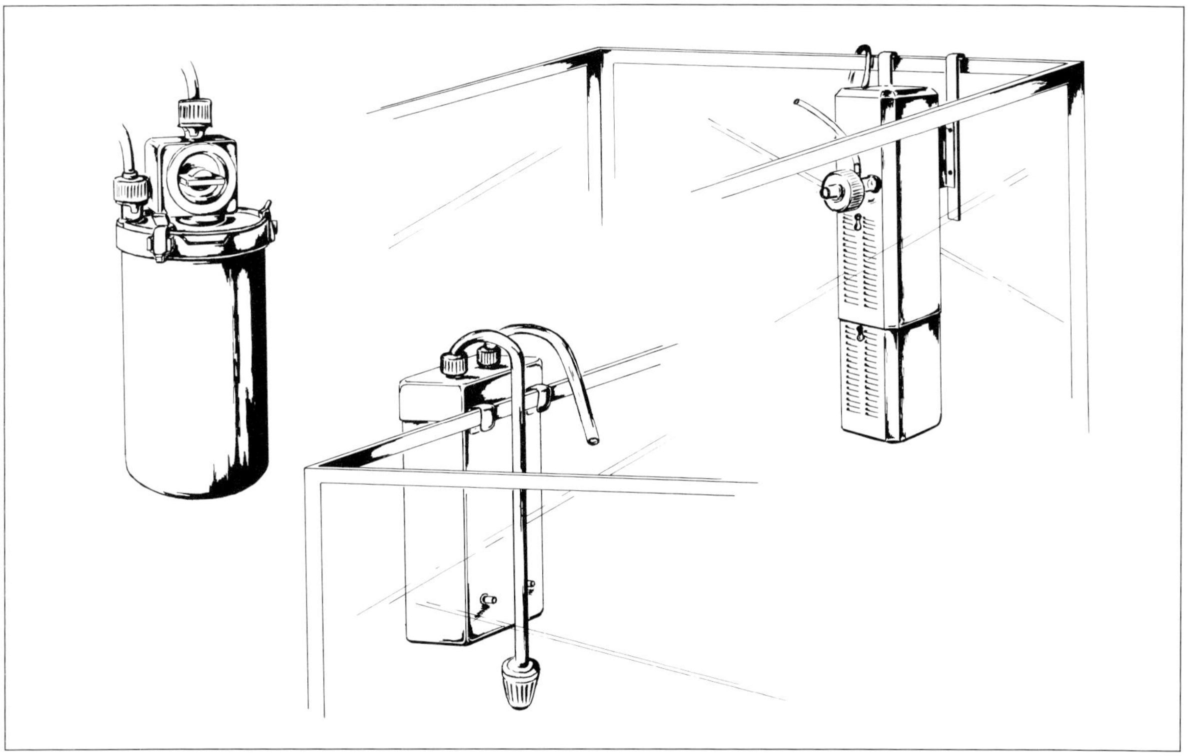

kömmliche Schnellfilter als biologische Filter benutzen zu wollen. Biologische Filter dürfen keinesfalls mit groben organischen Partikeln verschmutzen, da sie sonst sehr bald nicht mehr effektiv arbeiten können. Genau das geschieht aber in unserem Schnellfilter, wenn wir ihn nicht häufig genug auswaschen. Er verstopft, und der Schmutz in seiner Filtermasse zersetzt sich und bildet neue Giftstoffe. Er kann also nur eine Aufgabe erfüllen: Die grobe Reinigung des Aquarienwassers von Schmutzpartikeln, Schwebeteilchen, Pflanzen- und Futterresten. Und diese müssen so schnell wie möglich aus dem Kreislauf, also aus dem Filter entfernt werden.
Natürlich können wir einen biologischen Filter zusätzlich zu unserem Schnellfilter einbauen. Dafür geeignet sind z.B. Rieselfilter. Sie bestehen aus einem Filterbehälter, in dem sich ein Filtersubstrat, meist Kunststoffigel oder poröses Gestein, befindet, über welches das Aquarienwasser „verrieselt" wird. Da solche Filter gut mit Sauerstoff versorgt sind, können dort sehr effektiv sauerstoffliebende (aerobe) Bakterien auch gelöste Schadstoffe im Wasser verarbeiten. Inzwischen gibt es solche Filter auch in Kombination mit Schnellfiltern, so daß man kompakte Geräte erstehen kann, die sowohl im Aquarium als auch außerhalb eingebaut werden können. Ganz billig sind solche Filteranlagen natürlich nicht, und notwendig sind sie für unsere ersten Aquarienversuche sicher nicht, vor allem, wenn wir uns auf eine vernünftige Anzahl von Fischen beschränken, wenn wir sachgemäß füttern und wenn wir die notwendigen Wartungsarbeiten regelmäßig gewissenhaft durchführen. Für erfahrene Aquarianer, die besonders wertvolle Fische halten und züchten wollen, sind solche Filteranlagen aber sicherlich interessant und werden immer öfter eingesetzt.
Ein wichtiger Aspekt der Filterung soll hier ebenfalls nicht vergessen werden: Die Belüftung unserer Aquarien. Früher verwendete man dazu Ausströmersteine, die „Sauerstoff" ins Wasser bringen sollten. Heute wissen wir, daß die Sauerstoffanreicherung des Wassers dann am besten funktioniert, wenn das Wasser regelmäßig umgewälzt wird und dabei möglichst oft an der Wasseroberfläche mit der Luft in Berührung kommt. Man kann dies natürlich jederzeit mit Auströmern und Luftpumpen machen. Sie erzeugen je nach Stärke des Luftstromes ja ebenfalls eine gewisse Strömung. Die Fläche der Luftblasen aber, die mit dem Wasser in Verbindung kommen, wird stark überschätzt. Selbst bei besonders feinperligen Ausströmern ist sie nicht besonders groß. Vor allem reicht die kurze Zeit, in der die Luftbläschen im Wasser sind nicht aus, um einen sinnvollen Gasaustausch zu gewährleisten, denn nicht nur Sauerstoff, sondern auch andere Gase, z.B. Kohlendioxid (CO_2), werden ebenfalls zwischen Luft und Wasser ausgetauscht.
Das Wasser muß also regelmäßig umgewälzt werden. Am besten kann dies natürlich unser Filter, denn er hat eine eingebaute Pumpe, die mit einem Motor oder mit einer Luftpumpe betrieben wird. Es ist also wichtig, daß wir den Filter nicht nur auf seine Filterleistung hin aussuchen, sondern auch bedenken, daß er eine gewisse Strömung erzeugen soll. Bei ruhigen Fischen sollte diese Strömung nicht zu stark sein, bei schnellen Schwimmern kann sie ruhig etwas kräftiger ausfallen, auch daran sollten wir denken. Es gibt übrigens Filterpumpen, bei denen man die Leistung verstellen kann. Sie sind im Zweifelsfall den fest eingestellten Pumpen vorzuziehen. Allerdings kann man auch fest eingestellte Pumpen etwas in ihrer Leistung verändern, indem man den Wasserauslaß in seinem Durchmesser verändert. Wenn man einen dicken Schlauch aufsteckt und diesen vielleicht sogar noch hinter einen Stein oder auf eine Wurzel richtet, ist die Strömung geringer, verengt man den Schlauch oder schließt womöglich noch einen Diffusor an, verstärkt sich der Wasserstrahl. Buntbarsche aus dem Malawisee z.B. stellt man gerne in stärkere Strömung,

Fadenfische aus den Reisfeldern Asiens schätzen aber eher ruhiges Wasser.
Dennoch ist es nicht falsch, wenn man zusätzlich eine Luftpumpe mit Ausströmer besitzt. Vor allem in Notfällen, z.B. wenn der Filter zur Reparatur muß oder wenn das Wasser im Hochsommer zu warm wird, kann sie gute Dienste leisten und zur besseren Belüftung beitragen. Auch für Quarantänebecken kann man die Durchlüftungspumpe einsetzen.

CO_2-Versorgung Im Handel werden in letzter Zeit CO_2-Geräte angeboten, die das Wasser mit Kohlendioxid für besseres Pflanzenwachstum versorgen sollen. Für unsere ersten Aquarien benötigen wir solche Anlagen nicht. Dennoch ist es auch für den Anfänger gut, ein paar wichtige Grundlagen der CO_2-Düngung zu kennen. Unsere Pflanzen leben nämlich auch vom Kohlendioxid. Sie benötigen es für die Photosynthese, also für die Erzeugung von Pflanzenmasse mit Hilfe von Licht, Wasser – und eben Kohlendioxid. Normalerweise ist Kohlendioxid in der Luft und im Wasser genug vorhanden, um ein normales Pflanzenwachstum zu erreichen. Die Fische und Bodenbakterien erzeugen ständig CO_2 bei der Atmung, und durch die Umwälzung des Wassers wird andauernd Kohlendioxid aus der Luft im Wasser gelöst. Bei besonders hartem Wasser oder wenn sehr viele Pflanzen gehalten werden sollen, kann aber eine „Düngung“ mit CO_2 erforderlich werden. Dazu benötigt man Geräte, die Kohlensäure aus Speicherflaschen oder -patronen ins Wasser bringen. Dies geschieht normalerweise mit sinnreich konstruierten Diffusionsgeräten, welche kleine Kohlendioxidbläschen erzeugen, die mit dem Wasser in Kontakt gebracht werden und sich dort lösen. Je mehr Bläschen mit möglichst viel Wasser in Berührung kommen (Diffusionsfläche), umso besser ist die Kohlendioxidversorgung. Wie schon erwähnt, brauchen wir vorläufig eine solche Anlage nicht. Später aber, wenn wir ein größeres Aquarium anschaffen wollen, könnte es sinnvoll sein, ein solches Gerät vorzusehen.

Wichtiges Zubehör Für unser erstes Aquarium benötigen wir außer den erwähnten technischen Geräten und den Einrichtungsgegenständen noch einiges an nützlichem Zubehör.
An erster Stelle steht hier der **Scheibenreiniger,** denn ohne klare Sicht können wir unsere Fische schlecht beobachten. Der alte Scheibenreiniger mit der Rasierklinge ist auch heute noch im Handel erhältlich und erfüllt seinen Zweck durchaus. Leider sind die Griffstücke häufig aus Plastik und brechen leicht ab. Man sollte also ein Gerät mit kräftigem Metallstab auswählen. Besser sind **Magnetreiniger,** die allerdings je nach Glasstärke mit entsprechend starken Magneten ausgestattet sein sollten, da sie sonst leicht ins Becken fallen. Der große Vorteil dieser Magnetreiniger besteht darin, daß man nicht mehr ins Becken zu fassen braucht, um die Scheiben zu reinigen. Man bekommt also nicht jedesmal, wenn die Scheiben veralgt sind, nasse Hände. Nach getaner Arbeit läßt man den Magneten einfach an der Beckenscheibe hängen, wo er bis zum nächsten Mal verbleiben kann. Für die Entfernung hartnäckiger Algen eignet sich ein **Kunststoffschwamm.** Auch Reiniger aus spezieller Stahlwolle erfüllen ihren Zweck, ohne die Scheibe zu zerkratzen. Zwischen Schwamm und Scheibe dürfen allerdings keine Steinchen kommen. Diese zerkratzen die Scheibe genauso wie manche Haushaltsschwämme.
Eine lange **Glaspipette** wird zum gezielten Füttern empfindlicher Fische oder von Jungfischen und eventuell zum Absaugen von Futterresten benötigt. Ein Gummiball an der Oberseite erleichtert diese Arbeit. Die Spitze der Pipette sollte nicht zu dünn sein, damit

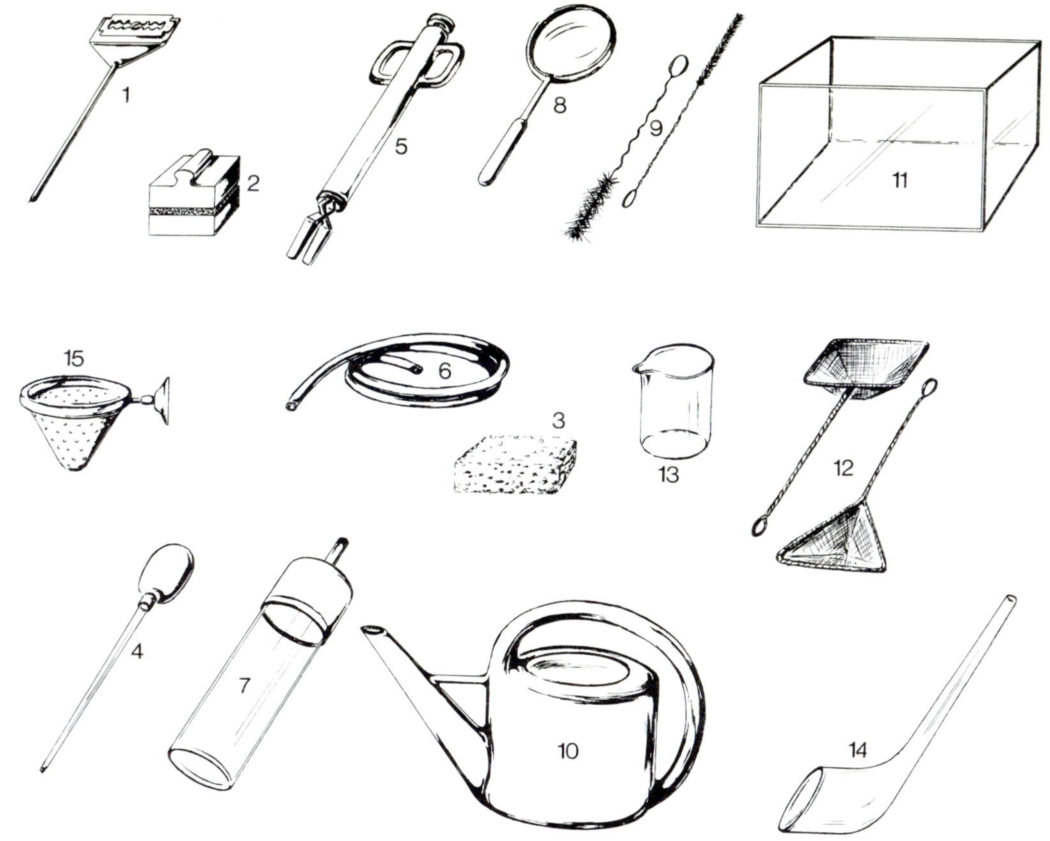

Nützliches Zubehör für Aquarianer
1) **Scheibenreiniger**
2) **Magnetreiniger**
3) **Kunststoffschwamm**
4) **Glaspipette**
5) **Pflanzenzange**
6) **Schlauch**
7) **Schlammglocke**
8) **Lupe**
9) **Flaschenbürsten**
10) **Gießkanne**
11) **Ersatzbecken**
12) **Fangnetze**
13) **Glasbehälter/Becherglas**
14) **Fangglocke**
15) **Futterring**

auch größere Futterbrocken damit gegeben werden können.

Eine **Pflanzenzange** leistet gute Dienste bei der Korrektur der Bestände oder wenn nachträglich noch Pflanzen eingebracht werden sollen. Man wähle eine möglichst lange Zange aus Kunststoff. Diese Zangen haben oft zusätzlich eine Einrichtung, mit der Pflanzen auch abgezwickt werden können, was für das Auslichten praktisch ist.

Ein zwei bis drei Meter langer **Schlauch** dient zum Absaugen von Mulm und für den Wasserwechsel. An das Vorderende wird eine **Schlammglocke** aus Kunststoff angebracht, mit der der Mulm abgesaugt werden kann, ohne daß Kies oder Sand mitabgesaugt wird.

Zum Beobachten von Kleinlebewesen und für die Krankheitskontrolle der Fische ist eine **Lupe** unverzichtbar. 5- bis 10fache Vergrößerung ist ausreichend.
Zum Reinigen der Schläuche und Filterrohre benötigt man verschiedene **Flaschenbürsten.** Diese Bürsten gibt es in verschiedenen Größen im Zoohandel.
Eine **Gießkanne** dient zum sauberen Nachfüllen des verdunsteten Wassers und für den kleineren Wasserwechsel. Man wähle eine Kanne aus lebensmittelechtem Kunststoff. Wer einen direkten Wasseranschluß in Beckennähe hat, kann natürlich auch mit dem Schlauch nachfüllen. Dies sollte aber nur in kleinen Mengen und langsam geschehen.
Für Notfälle sollte ein kleines **Ersatzbecken** mit Heizung, Filterung und Belüftung in Reserve gehalten werden. Dieses Becken kann auch als Quarantäne- und Behandlungsbecken im Krankheitsfall dienen oder für die Jungfischaufzucht verwendet werden.
Mehrere **Fangnetze** verschiedener Größe und ein größerer **Glas-** oder **Kunststoffbehälter** sind zum Herausfangen der Fische erforderlich. Für das Umsetzen von Jungfischen eignet sich nach wie vor eine **Fangglocke** am besten.
Für das Verfüttern von Trockenfutter oder von lebenden Futtertieren eignen sich **Futterringe** mit einem Einsatz. Wenn man sie mit einem Sauger an einer Stelle fixiert, verhindern sie, daß das Futter im gesamten Aquarium verteilt wird. Eventuell herunterfallendes und nicht gefressenes Futter kann so an der Futterstelle sofort abgesaugt werden.

Wasserpflanzen im Aquarium

Auch für viele Wasserpflanzenarten, die im Handel angeboten werden, gilt, daß sie mit einem Temperaturbereich von 18 bis 25 °C und normalem Leitungswasser zurechtkommen. Nur extrem hartes Wasser wird von vielen Arten nicht vertragen. Doch auch hier bleiben immer noch einige Arten übrig, die selbst dann noch gut gedeihen. Selbstverständlich gibt es auch Kostbarkeiten mit speziellen Ansprüchen, die nicht in jedem Aquarium gehalten werden können. Und leider werden auch immer wieder Pflanzen angeboten, die in den Blumentopf auf der Fensterbank, aber nicht ins Aquarium gehören.

Im Kapitel „Die Fische und ihr Lebensraum" wurde auf die Bedeutung der Bepflanzung für die Gliederung des Lebensraums im Aquarium hingewiesen. Aquaristisch werden Wasserpflanzen aber vor allem in ihrer Funktion als Sauerstoffspender und Düngerverwerter gesehen. In beiden Fällen wird ihre Bedeutung gewöhnlich überschätzt, weil in den eng begrenzten Verhältnissen des Aquariums meist zu viele Fische leben, für die die Sauerstoffproduktion der Pflanzen allein ohnehin nicht ausreichen würde. Ebensowenig sind die Pflanzen in der Lage, den Kot der Fische sofort zu verarbeiten. Bevor nicht mehrere Abbaustufen durchschritten sind und damit die Nährstoffe wieder in mineralisierter Form vorliegen, ist der Kot von Fischen für die Pflanzen ohnehin nicht verwertbar. Wenn wir warten wollten, bis sich der Kreislauf von Fischfutter über Fischkot zu Dünger für die Wasserpflanzen vollzogen hat, müßten wir lange warten und solange eine katastrophale Wasserverschlechterung akzeptieren.

Tatsächlich ist es so, daß die Wasserbewegung durch den Schnellfilter oder durch die Luftblasen eines Ausströmersteines wesentlich mehr zur Sauerstoffversorgung des Aquariums beiträgt als die Anwesenheit von Wasserpflanzen. Es kommt hinzu, daß Wasserpflanzen nachts dem Aquarienwasser Sauerstoff entziehen, um die tagsüber bei der Assimilation gewonnenen energiereichen Reservestoffe nutzen zu können. Deshalb darf man nachts Filter und Durchlüftung keinesfalls abstellen.

Dennoch haben Wasserpflanzen durchaus eine gewisse Bedeutung. Eine ausreichende Sauerstoffversorgung und den Abfallabbau können sie zwar nicht leisten. Sie tragen aber in einem gewissen Umfang dazu bei, und schon deswegen sollten wir auf Wasserpflanzen nicht verzichten. Und schließlich sollte man die dekorative Wirkung und die Möglichkeit, das Aquarium mit Wasserpflanzen zu untergliedern, nicht unterschätzen.

Aber auch in einer anderen Weise wird die Rolle der Pflanzen bei der Gestaltung des Aquariums häufig falsch eingeschätzt. Im Bemühen, einen möglichst naturähnlichen Ausschnitt einer Unterwasserlandschaft zu gestalten, wurde irgendwann einmal der Begriff des „Biotops Aquarium" erfunden. Man verstand früher darunter zum Beispiel ein mit südostasiatischen Pflanzen und Fischen aus etwa den gleichen Lebensräumen besetztes Aquarium. Ähnliche Versuche wurden mit südamerikanischen, afrikanischen und vielleicht sogar noch auf spezielle Flüsse oder Seen zugeschnittenen Aquarien gemacht. Das Ergebnis waren allenfalls nach geographischen Gesichtspunkten angelegte Pflanzen- und Fischsammlungen, sie entsprachen aber niemals einem natürlichen Standort, weder in der Zusammensetzung der Fische noch in der Auswahl der Wasserpflanzen. Es waren lediglich Gesellschaftsbecken mit zum Teil recht grober geographischer Orientierung.

Ein Biotop ist ein von vielen Faktoren abhängiger realer Ort in der Natur und im Aquarium nur in Ansätzen nachahmbar. Auch natürlich wirkende und begeisternd eingerichtete Aquarien sind immer nur Fantasieprodukte des betreffenden Aquarianers. Und wie Reisende bei der Rückkehr aus den Heimatgebieten der Aquarienfische und Wasser-

pflanzen immer wieder enttäuscht berichten – nirgends fanden sie auch nur annähernd an ein Aquarium erinnernde Naturausschnitte. Oft fanden sie nicht einmal Wasserpflanzen an sonst sehr fischreichen Fundorten.
Damit sollen keine Illusionen zerstört werden. Es ist aber wichtig, daß wir von Anfang an wissen, daß ein Aquarium ein künstliches Gebilde ist, dessen biologisches Zusammenspiel stets überwacht werden muß, damit die Lebewesen nicht in ihrer Existenz gefährdet werden. Wasserpflanzen und Aquarienfische können unter den gleichen Bedingungen existieren – viele hervorragend funktioniernde und prächtige Aquarien beweisen das.
Mit dem Einsetzen von Wasserpflanzen stehen wir vor der Qual der Wahl. Schließlich soll, und auch das unterscheidet unser Aquarium von einem Naturausschnitt, durch abwechslungsreiche Gestaltung eine bestimmte Anzahl verschiedener Arten mit unterschiedlich geformten Blättern ein möglichst eindrucksvolles Gesamtbild ergeben. Dennoch rate ich zur Beschränkung: Mehr als drei Pflanzenarten sollten in einem 50 cm langen Aquarium nicht eingepflanzt werden, und mit 10 bis 12 Arten ist häufig ein Meterbecken schon überladen. Das bedeutet, daß eine oder zwei Wasserpflanzenarten in größeren Beständen, andere nur als Einzelexemplare angepflanzt, an bestimmten Stellen Blickfänge bilden sollen.
So etwas gelingt nicht auf Anhieb, wenn man nicht schon mehrere Aquarien über einen längeren Zeitraum gepflegt hat und über entsprechende Erfahrung verfügt. Deshalb ist es gut, seine Vorstellungen in Form einer Skizze vor dem Einrichten festzuhalten und die gewünschten Pflanzen nach ihrer Eignung für Gruppen und Einzelstandorte auszuwählen. Solche Bepflanzungsskizzen, mit denen gleichzeitig die künftigen Reviere für Fische vorgegeben werden, sind deshalb sehr nützlich, weil sie vor dem Einrichten des Aquariums zu Überlegungen zwingen, zu denen man sich beim Einrichten nicht die Zeit nimmt.
Nun sind die Einrichtung und die Bepflanzung Geschmackssache. Wenn hier dennoch ein paar Bepflanzungsvorschläge gemacht werden, so sollen sie lediglich Anregungen geben. Bestimmte Fehler werden allerdings immer wieder gemacht. Deshalb hier einige Ratschläge:
Ein frisch eingerichtetes Aquarium wird häufig mit zu wenigen Pflanzen versehen, weil man auf kräftiges Wachstum und Vermehrung hofft. Ganz abgesehen davon, daß ein solches Aquarium kahl wirkt und man vor allem die im gewünschten „Naturausschnitt" störenden technischen Geräte noch sieht, bietet es den Fischen zu wenige Versteckplätze, die sie vor allem zur Eingewöhnung dringend benötigen. Hinzu kommt, daß jedes Aquarienwasser gelöste Nährstoffe enthält, die normalerweise von den Pflanzen für ihr Wachstum dem Wasser entnommen werden. Da anfangs noch keine ausreichend funktionsfähige Wurzel- und Blattmasse vorhanden ist, stehen diese Nährstoffe bei ungenügender Bepflanzung den unerwünschten Algen zur Verfügung, die gerade in neu eingerichteten Aquarien besser als die Wasserpflanzen gedeihen. Deshalb ist es empfehlenswert, das Aquarium mit einer preisgünstigen Wasserpflanzen-Art (Ludwigia, Tausendblatt, Wasserstern) zunächst stellenweise sehr dicht zu bepflanzen und diesen Bestand später zugunsten anderer Arten wieder zu reduzieren. Deshalb braucht man auf dekorative Einzelpflanzen nicht zu verzichten. Diese werden jedoch, um einen weiteren Fehler zu nennen, oft genau in die Mitte oder mehrere in gleichem Abstand zur Frontscheibe eingesetzt. Dadurch ergeben sich nicht die gewünschten, naturähnlich wirkenden Einblicke in das Aquarium. Die erreicht man, indem man die Grundfläche in mehrere unterschiedlich große und verschieden proportionierte Dreiecke einteilt, deren spitze Winkel stets nach hinten zeigen. Dadurch erreicht man eine gewisse räumliche Tiefe und vermeidet langweilige Gerade. Diesen Linien der Dreiecke

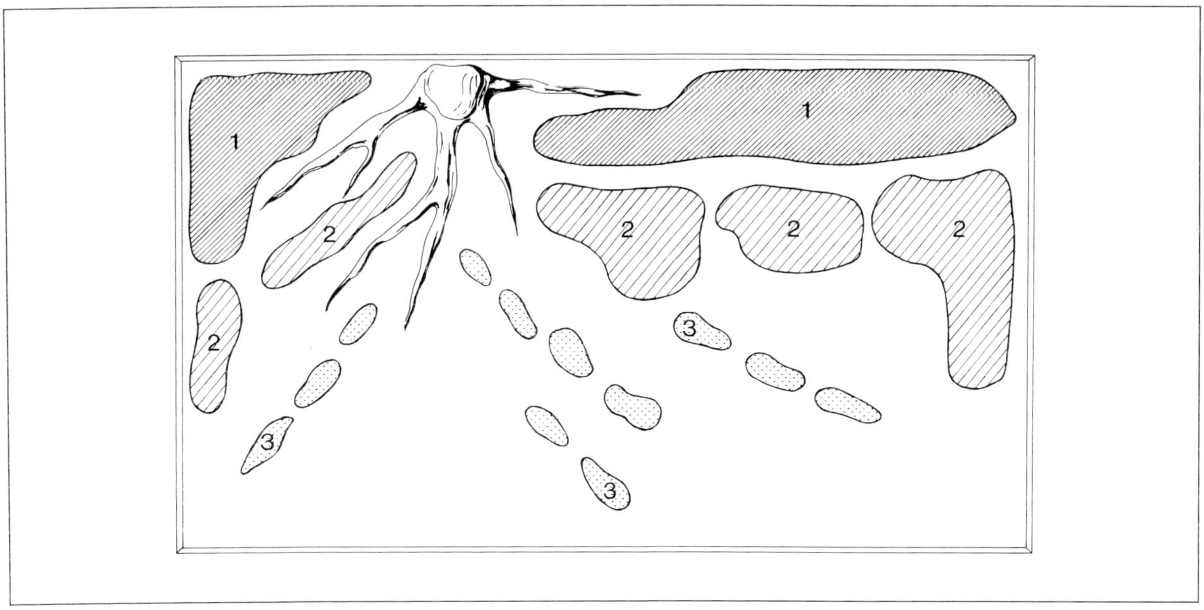

Vorschlag eines Pflanzschemas
1 = große Hintergrundpflanzen oder Büschel
2 = mittelgroße Pflanzen
3 = kleine Vordergrundpflanzen

läßt man die Anordnung von Steinen und Wurzeln folgen, und Einzelpflanzen können dann am Ende eines solchen Dreiecks stehen. Die davorliegende Fläche wird entweder freigelassen oder dicht mit den Stecklingen einer Art besetzt, von der man einen größeren Bestand heranziehen möchte. Allerdings muß bedacht werden, daß auch diese Stecklinge größer werden.
Beim Betrachten von Wasserpflanzen fallen zwei Bauprinzipien auf: Stengel- und Rosettenpflanzen. Generell bilden Stengelpflanzen Bestände, mit denen sich leicht Ecken und technische Geräte verdecken lassen, während große Rosettenpflanzen als Blickfang im Aquarium eingesetzt werden. Man kann es aber auch umgekehrt machen und mittelgroße Rosettenpflanzen z.B. der Gattungen *Echinodorus* oder *Cryptocoryne* flächig als dichten Bestand pflanzen, während eine Säule von fünf bis zwölf Stengelpflanzen dominiert. Je länger ein Aquarium ist, desto mehr Abwechslung ist möglich, zumal die Blätter der Wasserpflanzen nicht nur unterschiedlich grün, braun oder rot sein können, sondern auch die verschiedensten Blattformen haben. Doch Vorsicht! Man erliegt schnell der Verführung, zu viele attraktive Arten durcheinander zu pflanzen. Die bestehende Pflanzordnung gerät auch dadurch in Gefahr, daß unter zusagenden Bedingungen nicht nur ein gutes Längenwachstum und dichte Beblätterung einsetzen. Viele Pflanzen vermehren sich nämlich durch Ausläufer, die unterirdisch wachsen und plötzlich an einer dem Pflanzplan nicht entsprechenden Stelle auftauchen. Nun muß man sich entscheiden, ob der unbeabsichtigt herangewachsene Ableger gut wirkt oder stört, und im Laufe der Zeit muß der anfangs vorgesehene Pflanzplan möglicherweise verändert werden, weil die inzwischen gewachsenen Exemplare am neuen Platz einfach besser aussehen als die gepflanzten am alten. Dazu muß man aber diesen Jungpflanzen Gelegenheit geben und nicht gleich „dazwischenfahren“. Die wöchentlichen Wasserwechsel sind auch die Gelegenheit, zu lang gewordene Stengelpflanzen wieder auf das gewünschte Maß zu kürzen und bei zu massiv herangewachsenen Einzelexemplaren der Rosettenpflanzen die äußeren Blätter zu entfernen. Diese alten Blätter werden gewöhnlich gelb und senken sich zum Boden ab, dabei bedecken sie kleinere Pflanzen des Vordergrundes, und das wirkt oft unschön. Andererseits werden diese Blätter von Fischen oder Schnecken verwertet, und es hängt vom

Ermessen des jeweiligen Aquarianers ab, ob er im Zerfall alter Blätter einen natürlichen Prozeß sieht oder lieber ein „aufgeräumtes" Aquarium haben will, das vor Sauberkeit nur so „glänzt".
Gerade im Zusammenhang mit dem Pflanzenwuchs scheint mir eine Bemerkung ganz wesentlich: Weder in Standardwerken noch in kleineren Beratungsbüchern wird empfohlen, das Aquarium regelmäßig total auszuräumen. Dennoch glauben viele, dies sei notwendig. Immer wieder trifft man auf Erstaunen, wenn erwähnt wird, daß Aquarien zum Teil zehn Jahre ohne radikale Generalreinigung und Neueinrichtung stehen können. Natürlich müssen regelmäßig 5 bis 10 % des Wassers gewechselt werden und selbstverständlich können auch Pflanzen und Fische teilweise ausgetauscht werden. Man wird aber feststellen, daß ein langjährig im Aquarium verbleibender Bodengrund sich keineswegs erschöpft. Er muß also weder erneuert noch ausgetauscht oder abgekocht werden. Im Gegenteil, wenn die Verhältnisse einmal stimmen, wenn das Aquarium also „eingefahren" ist, wachsen auch neu eingebrachte Arten gut an und neugekaufte Fische leben sich schneller ein, soweit sie sich mit den noch im Aquarium verbliebenen vertragen.

Die wichtigsten Pflanzenfamilien Bevor man Wasserpflanzen für das neue Aquarium kauft, ist es sinnvoll, sich einen Überblick über die im Handel erhältlichen Gattungen und Arten zu verschaffen. Generell gilt für die hier besprochenen Wasserpflanzen der gleiche Temperaturbereich wie für die empfohlenen Fische, allerdings sind manche Arten bezüglich der Zusammensetzung des Leitungswassers empfindlicher als viele Aquarienfische. Dennoch sind die hier genannten Gattungen und die in der Tabelle empfohlenen Arten bewährte Aquarienpflanzen, von denen angenommen werden kann, daß sie nach einer Eingewöhnungszeit von etwa einem Monat gut wachsen werden.
Ob die jeweiligen Arten mit den gebotenen Verhältnissen gut zurechtkommen, läßt sich am Wuchs der Blattstiele, Blätter und Stengelabschnitte erkennen. Werden die Stengelabschnitte länger als bei den gekauften Exemplaren, so fehlt Licht, und die Beleuchtung ist entweder zu schwach oder muß in der Dauer gesteigert werden. Da normalerweise eine Beleuchtungsdauer von zwölf bis vierzehn Stunden ausreicht und noch längeres Beleuchten vor allem Stengelpflanzen veranlaßt, zu lang zu werden und aus dem Wasser herauszuwachsen, ist es besser, intensiver, aber nicht länger als zwölf Stunden zu beleuchten. Bleiben die Blätter klein und kümmern die Pflanzen, so liegt häufig Nährstoffmangel vor. Es wäre nun falsch, gleich mit Pflanzendüngern dieses Problem lösen zu wollen – je länger das Aquarium steht, um so besser entwickelt sich das Wurzelsystem der Pflanzen, und es kann durchaus sein, daß nach vorübergehender Stagnation innerhalb eines Vierteljahres dennoch ein guter Wuchs erreicht wird. Mit dem regelmäßigen Wasserwechsel werden ja nicht nur die gelösten Abfallstoffe aus dem Wasser entfernt beziehungsweise deren Konzentration verdünnt, mit dem frischen Wasser gelangen auch neue Mineralien hinein. Nur in Gegenden mit extrem weichem, das heißt mineralarmem Wasser muß zusätzlich regelmäßig gedüngt werden.
Der Einfachheit halber ist die nun folgende Gattungsübersicht nicht botanisch, sondern alphabetisch gegliedert, um ein leichtes Auffinden zu ermöglichen.

Gattung Alternanthera, Papageienblätter
Durch die alphabetische Reihenfolge bedingt, müssen wir mit einer Gattung beginnen, deren Pflege im Aquarium nicht immer oder nicht gleich gelingt. Die attraktiven rotbraun bis lilarot gefärbten Stengelpflanzen, von denen es eine Reihe sehr gut unter Wasser

Alternanthera reineckii

Aponogeton undulatus

Bolbitis heudelotii

Barclaya longifolia

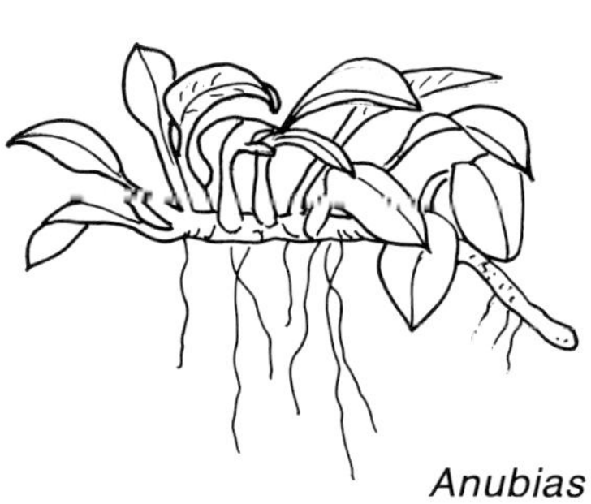

Anubias bateri var. *nana*

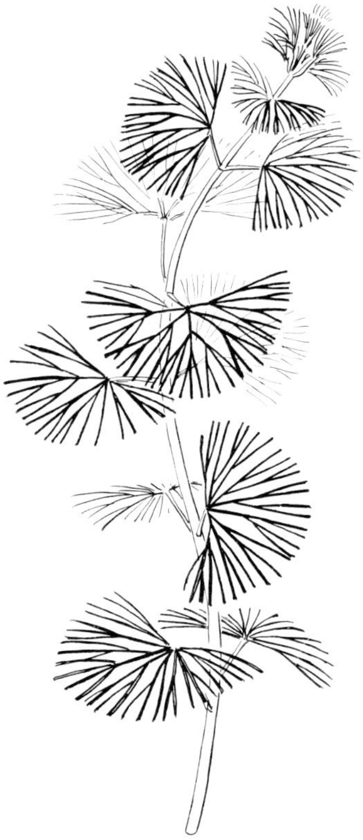

Cabomba caroliniana

Ceratophyllum spec.

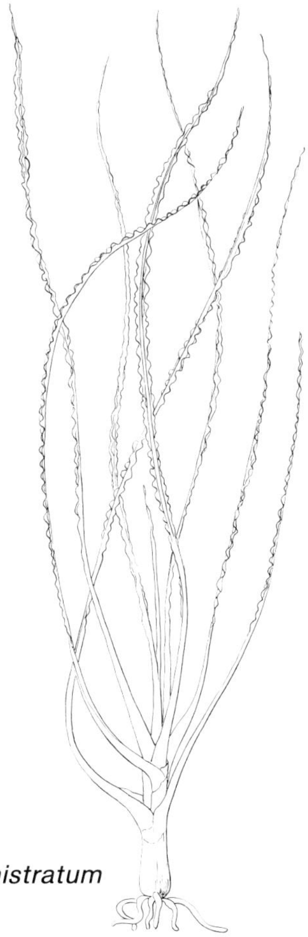

Crinum calamistratum

Ceratopteris thalictroides

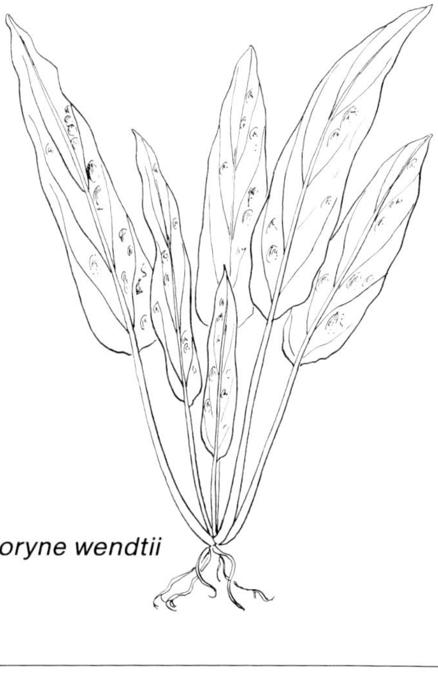

Cryptocoryne wendtii

wachsender Formen gibt, sind eigentlich Sumpfpflanzen, die aber länger dauernde Überflutung gut vertragen. Wie alle rotblättrigen Arten verlangen sie viel Licht und dürfen zum Beispiel nicht von großblättrigen Einzelpflanzen beschattet werden. Lichtmangel wird durch deutliches Vergrünen der Blätter angezeigt.

Gattung Anubias, Speerblätter
Da es innerhalb dieser Gattung auch sehr großwüchsige und nur als Jungpflanzen für Aquarien geeignete Arten gibt, soll hier nur auf die kleinste und am häufigsten angebotene Art, *Anubias barteri* var. *nana,* hingewiesen werden. Sie wächst am besten, wenn sie nicht eingepflanzt, sondern auf Wurzeln oder flachen Steinen verankert in den Vordergrund des Aquariums gesetzt wird. Durch linearen, wenn auch langsamen Wuchs verläßt sie nach einiger Zeit das Haftsubstrat und wurzelt in den Bodengrund ein. Von dort aus kann man durch Entfernen der Spitzen eine reiche Verzweigung und schließlich das Bedecken größerer Flächen erreichen.

Gattung Aponogeton, Wasserähren
Die Kulturerfolge mit Aponogeton-Arten sind in mehrfacher Hinsicht unterschiedlich. Durchweg gedeihen sie in Aquarien mit leichter Strömung besser als in ruhigem Wasser. Bei gutem Wuchs droht aber stets die Gefahr, daß sie große Blattmassen bilden und den Rest des Aquariums beschatten, weil die Blattflächen vorwiegend in Oberflächennähe gebildet werden. Typisch ist nach starkem Wuchs eine mehrwöchige bis monatelange Ruhephase, nach der oft ohne ersichtlichen Anlaß wiederum stark ausgetrieben wird. Für Aquarien unter 80 cm Länge werden fast alle Arten zu groß.

Gattung Barclaya
Auch wenn diese Pflanze ein wenig heikel sein kann, wenn die Wassertemperatur im Bodenbereich niedriger als 25 °C ist, stellt sie auch für kleine Aquarien mit ihren langen rotbraunen bis weinroten und gewellten Blättern eine der attraktivsten Einzelpflanzen dar. Ist sie erst einmal eingewöhnt, fällt ihre Pflege nicht so schwer, wie es häufig dargestellt wird, lediglich zu kalter Bodengrund behindert das Einwurzeln und damit das weitere Gedeihen.

Gattung Bolbitis, Afrikanische Flußfarne
Obgleich gelegentlich auch andere Arten angeboten werden, ist nur *Bolbitis heudelotii* für die Kultur unter Wasser geeignet. Die vielfach gefiederten Blätter sind von klar flaschengrüner Farbe. Diesen Farn darf man nicht einpflanzen, sondern er wächst am besten auf einer Wurzel, einem Stein oder einer Felsenrückwand. Dazu muß er anfangs gut festgebunden werden, später heftet er sich selbst an. Wächst er zu lange linear, kann man eine Verzweigung dadurch bewirken, daß man die Spitze mit mindestens fünf Blättern abtrennt. Bei geringerer Blattzahl besteht die Gefahr, daß der gewonnene neue Trieb zu wenige Reserven für sein Weiterkommen besitzt.

Gattung Cabomba, Haarnixen
Nur in gut beleuchteten Aquarien gedeihen diese schnell zur Oberfläche wachsenden Stengelpflanzen über einen längeren Zeitraum. Es ist aber immer einen Versuch wert, die meist in mehreren Arten angebotenen Pflanzen wenigstens auszuprobieren, weil ihr guter Wuchs ein Zeichen für gute Wasserverhältnisse im Aquarium ist.

Gattung Ceratophyllum, Hornblätter
Meist werden mehrere Arten dieser attraktiven und feinfiedrig in Oberflächennähe wachsenden Stengelpflanzen im Zoohandel angeboten. Sie wachsen rasch und müssen deshalb regelmäßig gekürzt werden. Der starke Wuchs macht sie zu idealen Pflanzen für die Aquarienecken, mit denen man technische Geräte verdecken kann, in deren Gewirr aber auch Jungfische Schutz finden.

Echinodorus amazonicus

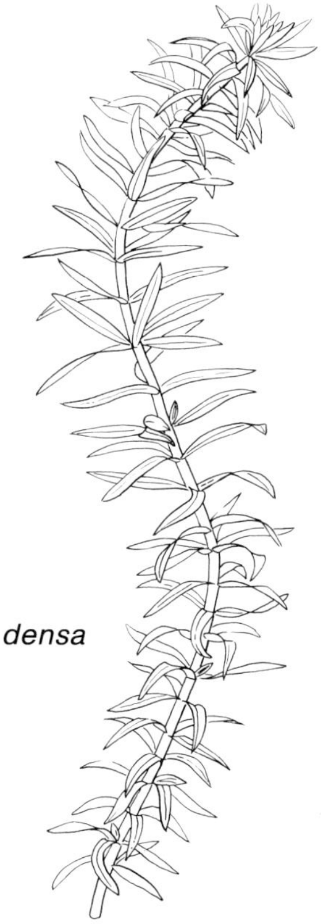

Egeria densa

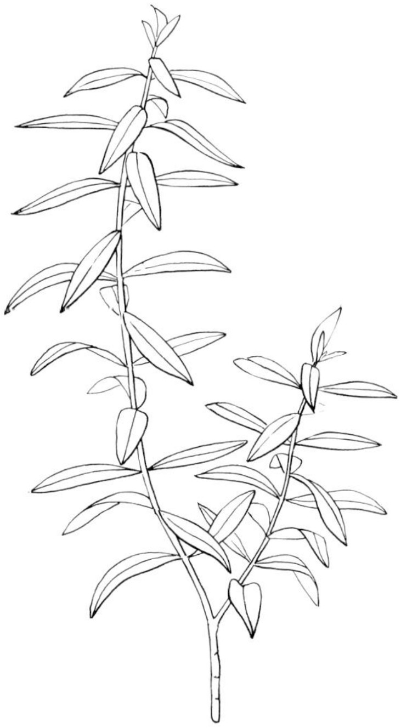

Hygrophila polysperma

Limnophila heterophylla

Ludwigia repens

Gattung Ceratopteris, Hornfarne

Wegen seiner intensiv gefiederten Blätter ist besonders der Filigranfarn beliebt, der sowohl eingepflanzt als auch schwimmend in jedem Aquarium gut wächst. Als Schwimmpflanze gehalten, vermehrt er sich aber so stark, daß die Beschattung der anderen Pflanzen nur durch regelmäßige Entnahmen verhindert werden kann.

Gattung Crinum, Hakenlilien

Die meisten Arten dieser erst neuerdings für die Aquaristik erschlossenen Pflanzen werden sehr groß und bilden meterlange Blätter an der Wasseroberfläche. Nur eine Art, *Crinum calamistratum,* mit stark gewellten, schmalen Blättern ist auch für kleinere Aquarien geeignet, weil diese schmalen Blätter selbst bei starkem Wuchs keine schattierende Wirkung haben.

Gattung Cryptocoryne, Wasserkelche

Nimmt man ein spezielles Werk über Wasserpflanzen zur Hand, so findet man dort eine Vielzahl von Wasserkelch-Arten beschrieben. Diese sind aber eher von wissenschaftlichem als von aquaristischem Interesse, weil die Mehrzahl dieser Sumpfpflanzen die dauernde Unterwasserkultur nicht verträgt. Die im Handel üblichen und für Aquarien geeigneten Arten sind in der Tabelle aufgeführt. Dennoch gehören auch diese Arten mitunter zu den Sorgenkindern des Aquarianers, weil selbst nach langjährig unproblematischem Wuchs durch schwer vorher einschätzbare Änderungen der Haltungsbedingungen ein plötzliches Zusammenbrechen der Bestände eintreten kann. Es nützt dann wenig, wenn man sich erinnert, vor kurzem eine Leuchtstoffröhre ausgewechselt zu haben – die Pflanzen lösen sich völlig auf. Sie treiben zwar später wieder aus, doch kann die momentan eintretende Wasserverschlechterung durch die sich zersetzende Blattmasse auch für den Fischbestand gefährlich werden. Durch Absaugen und Wasserwechsel kann man dann zwar die abgestorbenen Blätter entfernen, den Zerfall aber andererseits noch beschleunigen. Haben sich die Verhältnisse wieder stabilisiert, können die im Sand verbliebenen Sproßstücke wieder austreiben und alsbald wieder gute Bestände bilden. Dies kann jedoch einige Monate dauern. Das Aquarium sieht während dieser Zeit natürlich nicht gut aus.

Gattung Echinodorus, Amazonaspflanzen

Die deutsche Sammelbezeichnung ist nicht allzu wörtlich zu nehmen, denn die zahlreichen Arten dieser Gattung kommen nicht nur aus dem Amazonasgebiet. Man muß sich beim Kauf nach der Wuchshöhe erkundigen, denn es gibt nur wenige mittelgroße und ganz wenige kleinbleibende Pflanzen. Die Mehrzahl der Arten, in den letzten Jahren noch um viele Zuchtformen erweitert, wird sehr groß, und man kann sie deshalb nur als Einzelpflanzen in großen Aquarien verwenden. Alle Arten aber gedeihen im Aquarium hervorragend, daher besteht die Gefahr, daß durch ein zu üppiges Wachstum unmittelbar benachbarte kleinere Pflanzengruppen überwuchert werden und nicht mehr genug Licht erhalten. Ein regelmäßiges Entfernen der äußeren ältesten Blätter kann deshalb notwendig werden.

Gattung Elodea, Wasserpest

Die Wasserpest-Arten gehören zu den robusten Aquarienpflanzen. Vor allem die Kanadische Wasserpest wächst sogar in Bächen und Flüßen Mitteleuropas, in die sie aus Nordamerika eingeschleppt wurde. Wegen ihres Schnellen Wachstums wurde sie „Wasserpest" genannt. Die im Handel erhältliche, schnellwüchsige Argentinische Wasserpest (Elodea densa) ist gerade für die Ersteinrichtung eines Aquariums wichtig, weil sie durch ihr schnelles Wachstum dem Wasser in kurzer Zeit Nährstoffe entzieht und deshalb den gefürchteten Algenbefall gar nicht erst aufkommen läßt. Später kann sie durch ihren raschen Wuchs allerdings auch lästig werden. Dann ist es Zeit, sie gegen eine andere Stengelpflanze mit mäßigerem Wachstum auszutauschen.

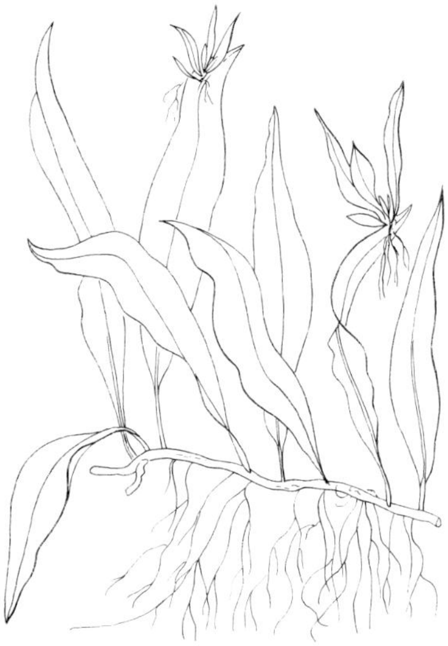

Microsorium pteropus

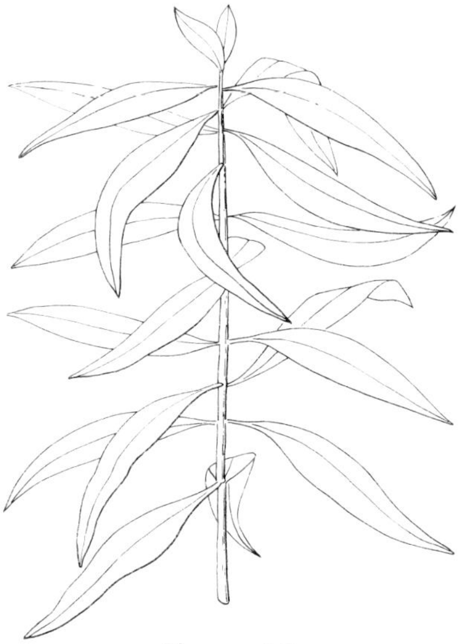

Nomaphila spec.

Riccia fluitans

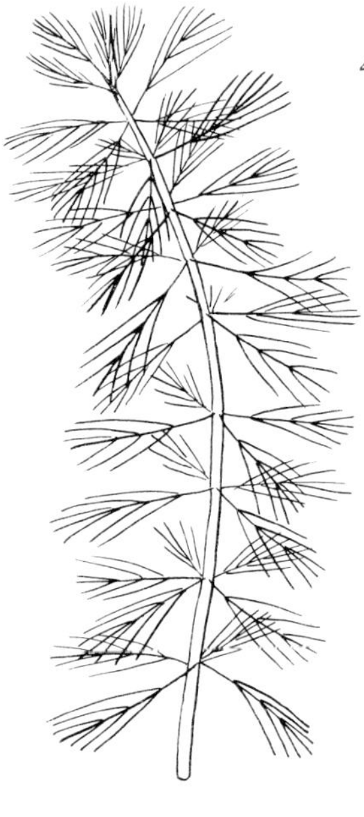

Myriophyllum aquaticum

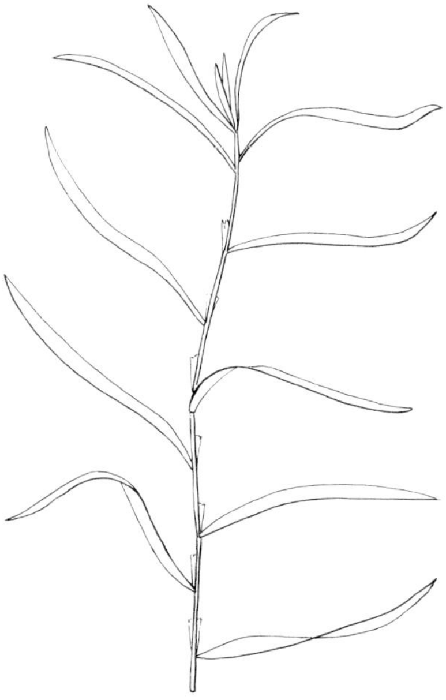

Potamogeton gayi

Nymphaea spec.

Gattung Hygrophila, Wasserfreund

In vielen Wuchsformen und unter den verschiedensten Namen werden diese Pflanzen mit ihren frischgrünen bis rötlich überlaufenen Blättern angeboten. Leider sind darunter auch Stecklinge, die nicht unter Wasser herangewachsen sind und erst im Aquarium eine Umstellung auf die untergetauchte Lebensweise durchmachen müssen. Dabei zerfallen alle alten Blätter, doch wachsen an deren Ansatzstellen neue Triebe hervor, die erst jetzt für die Verwendung im Aquarium geeignet sind. Wenn man diesen Prozeß nicht selbst durchführen will, muß man vom Händler unter Wasser gezogene Stecklinge verlangen.

Gattung Limnophila, Sumpffreund

Mit diesen frisch hellgrünen, aber sehr lichtbedürftigen Arten lassen sich auffällige Säulen als Blickfang pflanzen. Doch ähnlich wie bei Cabomba-Arten ist ein guter Wuchs zugleich ein Test für die bestehenden Beleuchtungsverhältnisse.

Gattung Ludwigia

Diese Gattung enthält mehrere unterschiedlich für die Aquarienkultur geeignete Arten. Am besten wachsen die rundblättrigen, zum Teil mit rötlichen Blattunterseiten versehenen Pflanzen, während schmalblättrige Ludwigien viel Erfahrung erfordern. Wo *Ludwigia* gut wächst und deshalb oft gelichtet werden muß, kann man einen Versuch mit den etwas heikleren aber wunderschönen Papageienblättern wagen.

Gattung Microsorium, Stufen-, Etagen-, Schwarzwurzelfarne

Wie bei Pflanzen der Gattung *Bolbitis* muß man auch diesen Farn auf Wurzeln, Steinen oder an der Rückwand befestigen und darf ihn keinesfalls in den Sand pflanzen. Allgemein gedeiht er in jedem Aquarium gut, sobald eine gewisse Blattmasse erreicht ist. Auf älteren Blättern bilden sich Jungpflanzen oft in mehreren Etagen übereinander, so daß ganze Ecken ausgefüllt werden; ein hervorragender Schutz für Jungfische.

Gattung Myriophyllum, Tausendblätter

Die feingefiederten Stengelpflanzen können in attraktiven Gruppen gepflanzt werden. Gründelnde Fische wirbeln aber viele Schwebstoffe auf, die in diesen Pflanzen dann leicht hängenbleiben. Durch den raschen Wuchs entstehen schnell unschöne Ranken an der Wasseroberfläche. Daher ist regelmäßiges Kürzen erforderlich.

Gattung Nomaphila, Riesenwasserfreund

Für diese breitblättrigen Stengelpflanzen gilt das unter *Hygrophila* Gesagte. Die Eingewöhnung als Wasserpflanze kann also längere Zeit dauern, und man sollte unbedingt unter Wasser gezogene Stecklinge verlangen. Werden diese Arten zu dicht gepflanzt, so werfen sie die unteren Blätter ab und tragen nur eine beblätterte „Krone". Durch Kürzen und Einpflanzen dieses Stecklings kann man buschige Gruppen erzielen, da das verbliebene Stengelstück später wieder austreibt.

Gattung Nymphaea, Seerosen

Nur wenige Arten sind für die Aquarienhaltung geeignet, weil bei guten Bedingungen schnell Schwimmblätter gebildet werden, die den anderen Pflanzen das Licht entziehen. Wenn es gelingt, die Pflanzen in einer gedrängten Rosette aus Unterwasserblättern zu halten, sind sie eine prächtige Bereicherung für große Aquarien. Nach dem radikalen Entfernen aller Schwimmblätter werden zunächst wieder etwa zehn kleinere Unterwasserblätter getrieben, die erst zerfallen, wenn das Schwimmblattstadium wieder erreicht wird.

Gattung Potamogeton, Laichkräuter

Die Eignung der Laichkräuter für die Haltung im Aquarium ist umstritten. Während es manchen Liebhabern gelingt, attraktive Bestände zu halten, wuchern meistens unschön wir-

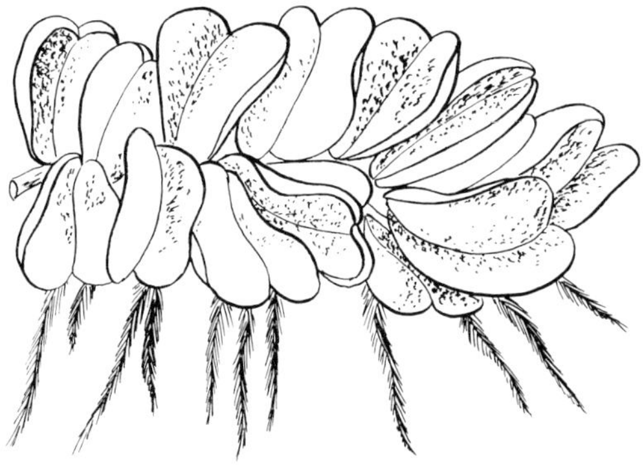

Salvinia auriculata

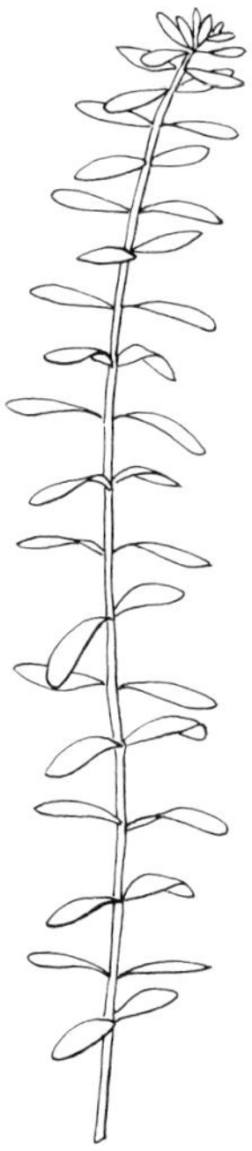

Rotala rotundifolia

Sagittaria graminea

Vesicularia dubyana

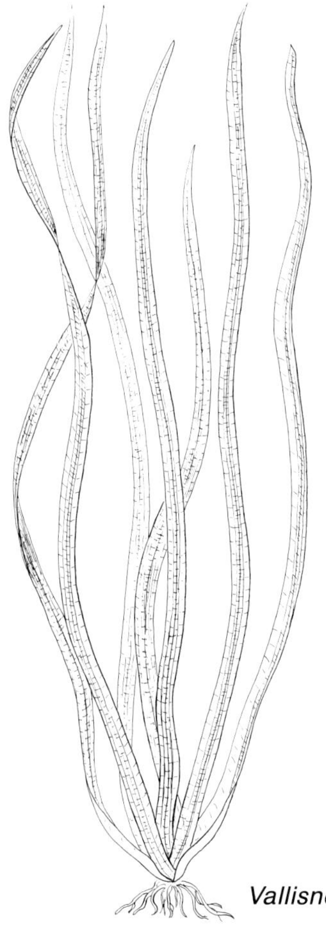

Vallisneria neotropicalis

kende Blattmassen in Oberflächennähe, die zwar Jungfischen guten Schutz bieten, die anderen Pflanzen aber stets zu stark beschatten. Daher ist mit der Erhaltung gut aussehender Bestände viel Arbeit verbunden.

Gattung Riccia, Flutendes Lebermoos
Wie bei allen Schwimmpflanzen muß durch ständiges Kontrollieren und Entnehmen der rasch wachsenden Blattmasse der drohenden Lichtdämpfung entgegengewirkt werden. Einige Polster aber wirken nicht nur dekorativ, sondern erlauben auch kleinsten Jungfischen das Überleben.

Gattung Rotala
Selbst die wüchsigste Art, *Rotala rotundifolia,* gedeiht nicht in allen Aquarien gleich gut. Für andere Arten muß viel Aufwand getrieben werden, so daß diese eher dem Wasserpflanzenspezialisten vorbehalten sind.

Gattung Sagittaria, Pfeilkräuter
Die derbblättrigen Rosettenpflanzen wachsen rasch und vermehren sich reichlich durch Ausläufer. Dadurch kann man mit den kleinen Arten schnell rasenähnliche Polster erreichen. Allerdings durchwuchern die breitblättrigen und großwüchsigen Pflanzen selbst große Aquarien rasch. Früher gehörten sie in jedes Aquarium, heute werden sie jedoch meist durch Echinodorus-Arten ersetzt.

Gattung Salvinia, Schwimmfarne
Auch diese Schwimmpflanze muß ständig ausgelichtet werden, da sie an der Oberfläche schwimmend das meiste Licht abbekommt und sich dadurch stark vermehren kann. Einzelne Inseln aus wenigen Pflanzen stören aber nicht.

Gattung Vallisneria, Sumpfschrauben
Die in mehreren Arten angebotenen, grasartig wachsenden Rosettenpflanzen vermehren sich schnell und müssen deshalb regelmäßig ausgelichtet werden. Da sie auch sehr lange Blätter bilden können, die dann an der Oberfläche schattierend wirken, sind sie heute nicht mehr beliebt. Lediglich die Arten mit gedrehten Blättern und geringerem Längenwachstum brauchen weniger pflegerischen Aufwand.

Gattung Vesicularia, Javamoos
Als Aufwuchs auf Wurzeln, Steinen, Rückwänden, Höhlen und Röhren lassen sich einzelne Ranken oder ganze Büschel dieses leicht kultivierbaren Mooses verwenden. Doch darf Javamoos nicht außer Kontrolle geraten, weil aus jedem kleinen Stück, das zwischen andere Pflanzen gerät, ein regelrechter „Filz“ entstehen kann, der die Wasserzirkulation behindert. In Javamoos-Büscheln haben schon viele Jungfische überlebt, weil sie dort nicht nur Deckung, sondern auch Nahrung für die ersten Tage fanden.

Das richtige Einpflanzen Nachdem wir die Pflanzen beim Zoohändler ausgewählt und gekauft haben, werden sie zuhause zunächst nach Arten geordnet auf ein feuchtes Zeitungspapier gelegt. Die Wurzeln sind noch unbeschnitten und entsprechend lang. Sie werden auf etwa 3 cm Länge gekürzt. Beim Einpflanzen würden längere Wurzeln umknicken, was man vermeiden sollte. Außerdem regt dieses Beschneiden das Wachstum der Wurzeln an. Sie wachsen dann besser und schneller an.
Nun werden die Pflanzen dort eingepflanzt, wo man sie später haben will. Ein Pflanzplan erleichtert diese Arbeit. Die Pflanzen werden in ein mit dem Finger oder mit einem Stäbchen gemachtes Pflanzloch gesteckt, etwas tiefer als später vorgesehen. Nun wird der Kies von allen Seiten gleichmäßig an die Pflanze gedrückt. Anschließend wird sie wieder ein Stück aus dem Pflanzloch gezogen (s. Abb. Seite 94). Es ist nämlich wichtig,

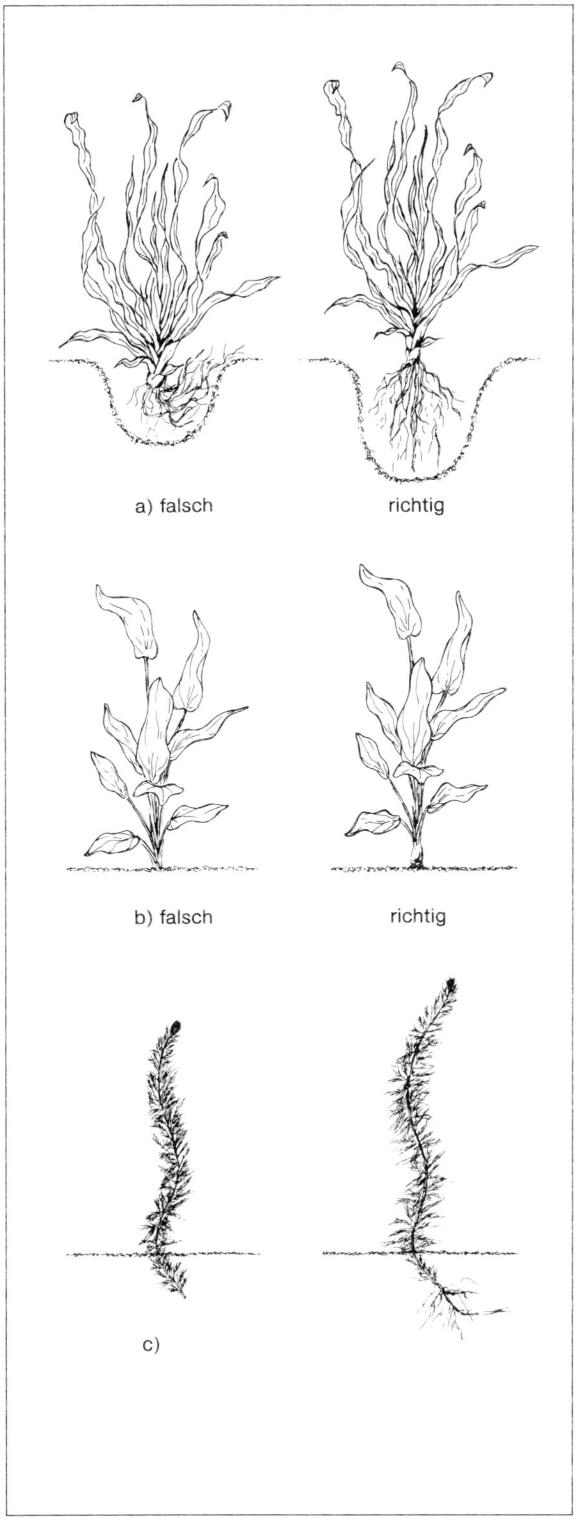

daß der Vegetationspunkt der Pflanze (z.B. bei *Cryptocoryne)* freibleibt. Lediglich bei Pflanzen ohne eigentlichen Vegetationspunkt *(Myriophyllum* u.ä.) ist es egal, wie tief man sie einpflanzt. Man kann vor allem größere Pflanzen sicherheitshalber so weit herausziehen, daß der Wurzelansatz gerade noch zu sehen ist. Dann hat man die optimale Einpflanztiefe erreicht.
Manche Pflanzen halten vor dem Anwurzeln sehr schlecht im Boden. Sie können mit speziellen Pflanzennadeln besser befestigt werden. Die Nadeln werden entfernt, wenn die Pflanze so bewurzelt ist, daß sie von selbst hält. Keinesfalls sollten die Bleistücke an den Pflanzen belassen werden, die manche Wasserpflanzengärtner benutzen, um die Pflanzen in der richtigen Position transportieren zu können. Normalerweise werden sie aber bereits im Zoogeschäft entfernt.

Richtiges Einpflanzen
a) Die Wurzeln dürfen nicht umgebogen, sondern müssen senkrecht in das Pflanzloch eingedrückt werden
b) Der Vegetationspunkt darf nicht eingegraben werden
c) Pflanzen mit der Wachstumszone am Triebende (z.B. Tausendblatt oder Wasserpest) können beliebig gekürzt eingegraben werden. Die Wurzeln treiben bald aus und halten die Pflanze sicher fest.

Schnecken im Aquarium?

Schnecken im Aquarium gelten als Resteverwerter, da sie von den Fischen nicht gefressenes Futter oder sich zersetzende Pflanzenteile aufnehmen und damit das Aquarium sauberhalten. Auch erhofft man sich, daß Wasserschnecken die lästigen Algen beseitigen und damit dem Pfleger Arbeit abnehmen. Dennoch geht die Tätigkeit der Schnecken nicht so weit, daß nun einige Pflegearbeiten entfallen könnten. Zwar nehmen sie die Futterreste auf (die es eigentlich gar nicht geben dürfte, wenn richtig dosiert wird), und sie gewinnen auch aus dem Kot der Fische noch für sie verwertbare Bestandteile. Damit sind die das Wasser belastenden Stoffe zwar besser ausgenutzt, nicht aber aus dem Aquarium herausgeschafft, weil Schnecken ihrerseits ebenfalls nicht unbeträchtliche Kotmengen abgeben und deren lösliche Bestandteile das Wasser ebenso belasten wie die Ausscheidungen der Fische. Tatsächlich verarbeiten sie auch abgestorbene Blätter, es besteht jedoch stets die Gefahr, daß sie sich auch an jungen Trieben vergreifen und damit Aussehen und Wachstum der Wasserpflanzen beeinträchtigen.

Schnecken nehmen auch Faden- und Schmieralgen auf. Sie schaffen es aber nicht, einer Algenplage Herr zu werden.Es gelingt ihnen nicht einmal, die Scheiben blank zu halten. Stets wird man die Fraßspur einer Schnecke deutlich sehen, wenn einmal längere Zeit das Säubern der Frontscheibe unterblieben ist.

Das größte Problem aber ist die Begrenzung der Schnecken auf die richtige und für das Aquarium verträgliche Anzahl. Gewöhnlich sind die in Aquarien gebotenen Bedingungen so gut, daß es zu einer zunächst unbemerkten Vermehrung kommt, und erst Löcher in zartblättrigen Pflanzen weisen auf die plötzlich schlagartig gestiegene Anzahl hin.

Was nun? Absammeln ist zeitaufwendig und ein Geduldspiel. Es ist auch nicht jedermanns Sache, täglich alle sichtbaren Schnecken zu zerdrücken; die Fische aber machen sich dankbar über dieses Zusatzfutter her. Es gibt auch Fische, die Schnecken fressen. Gewöhnlich werden Kugelfische empfohlen, in deren Nahrungsspektrum Schnecken gehören. Kugelfische werden auch mit Schnecken eines Aquariums ziemlich schnell fertig, dann aber leiden sie darunter, daß keine mehr nachwachsen, und man ist dann gezwungen, Schnecken herbeizuschaffen, um die Fische artgerecht ernähren zu können und sie nicht hungern zu lassen.

Andererseits lernen die Schnecken schnell, daß von den Kugelfischen eine Bedrohung ausgeht. Sie sitzen also, ihren Körper eng ins Gehäuse gezogen, so dicht an den Blättern, daß der Kugelfisch keine Gelegenheit findet, den weichen Körper zu packen. Manchmal kann man dann auch beobachten, daß die Kugelfische durch das Blatt hindurchbeißen, um an die Schnecke heranzukommen. Das gibt mindestens so häßliche Löcher, wie sie durch die Schnecken hervorgerufen werden. Auf die Dauer sind also Kugelfische keine ideale Lösung.

Barben sind hierfür schon eher geeignet. Auf der Suche nach Futter zupfen sie ständig auch an Schnecken herum, und wenn sie erst einmal auf den Geschmack gekommen sind, kann damit die Schneckenplage beendet sein. Leider ist kein Verlaß darauf, weil keine Garantie gegeben werden kann, daß sich jede Barbe so verhält.

Ebenso gehören Schnecken zur bevorzugten Nahrung mancher Labyrinthfische, aber auch hier hängt es vom Futterzustand ab, ob sie sich die Mühe machen, die Schnecken aufzubeißen, um an den weichen Inhalt zu kommen. Makropoden, Kampffische und alle Fadenfische sind potentielle Schneckenvertilger, doch keine Art verzehrt verläßlich jede Schnecke.

Auf keinen Fall ist es ratsam, mit Gift gegen Schnecken vorzugehen, weil damit stets die Wasserqualität verschlechtert wird, denn nützliche Mikroorganismen sterben ebenso wie die Schnecken. Und abgestorbene

Schnecken können das Wasser durch Verfaulen ihrer Körper geradezu vergiften!
Die einzige Möglichkeit, einen kontrollierbaren Schneckenbestand zu halten, bietet sich mit Apfelschnecken. Diese recht groß werdenden Arten vermehren sich durch oberhalb der Wasseroberfläche abgelegte Eipakete, und man hat es dann selbst in der Hand, davon Jungschnecken aufzuziehen oder nicht. Es wird aber nicht gelingen, Apfelschnecken in Aquarien mit großen Buntbarschen zu halten, weil diese die luftatmenden Schnecken ständig beunruhigen und dadurch am Atmen hindern. Schließlich ertrinken sie förmlich, weil sie keine Gelegenheit haben, ungestört die Wasseroberfläche zu erreichen.
Alle anderen Schneckenarten, ob sie nun Laich ablegen oder lebendgebärend sind, vermehren sich, ohne daß der Liebhaber von diesen Vorgängen etwas bemerkt.
Wie kommen diese Schnecken aber überhaupt ins Aquarium? Meist schleppt man sie durch Wasserpflanzen ein, an deren Blättern unauffällige, zähe, durchscheinende Gelege kleben. Sie haben oft nur wenige Millimeter Durchmesser und werden leicht übersehen. Innerhalb der ersten vier Wochen eines neu eingerichteten Aquariums schlüpfen die Jungschnecken, und da sie anfangs sehr klein sind und sich weitgehend am Boden oder unter den Blättern der Pflanzen aufhalten, sieht man sie nicht gleich. Werden die ersten sichtbar, sind viele Aquarianer sogar erfreut, daß sich die Schnecken vermehrt haben, und lehnen es ab, die ersten zehn bis zwanzig Stück gleich zu zerdrücken, ehe sie ihrerseits zur Laichablage gekommen sind. Damit ist die Chance aber vertan, noch rechtzeitig einer Schneckenplage Herr zu werden.
Dies gilt vor allem für die Posthornschnecke, deren rote Vertreter einfach deshalb am gefährlichsten sind, weil viele Liebhaber sie als zusätzlichen Schmuck im Aquarium betrachten. Bei ihren graubraunen, weniger attraktiven Farbspielarten ist man dagegen eher bereit, sie gleich zu dezimieren.

Spitzhorn-, Posthorn-, Turmdeckel- und Schlammschnecke (von oben nach unten)

Ein ähnliches Massenauftreten und eine ähnliche Vermehrungsweise treffen auch für Blasenschnecken zu, die man sich besonders im Sommer beim Fangen von Lebendfutter am Teich einschleppen kann. Besonders unangenehm wird es aber, wenn man junge Schlammschnecken eingeschleppt hat, weil sie die schlimmsten Beschädigungen gerade an den wertvollsten Pflanzen hervorrufen und darüber hinaus auch noch Parasiten einschleppen können.
Umstritten ist eine weitere Schneckenart, der eine gewisse Nützlichkeit nicht abzusprechen ist, deren absolut unkontrollierbare Vermehrung aber den Aquarianer vor große Probleme stellen kann. Es handelt sich um die Turmdeckelschnecke, die tagsüber kaum zu sehen ist und erst im Dunkeln an den Scheiben und den Wasserpflanzen emporzukriechen beginnt. Durch ihr Leben im Bodengrund verhindert sie natürlich, daß Fäulnisprozesse entstehen, weil sie jede erreichbare Nahrung sucht. Mit dem Durcharbeiten des Bodengrundes werden auch Voraussetzungen

für eine gute Wasserzirkulation im Kies oder Sand geschaffen, ebenfalls ein Pluspunkt für diese Schneckenart. Das Problem besteht nur in der hemmlungslosen Vermehrung, denn mancher Aquarianer ahnt gar nicht, wie viele Exemplare sein Aquarium bevölkern. Und wenn für diese große Zahl keine ausreichende Nahrungsgrundlage gegeben ist, vergreifen sie sich, nachts und daher unbemerkt, auch an den Wasserpflanzen.
Um zu überprüfen, in welchem Maße die Vermehrung der Turmdeckelschnecken bereits fortgeschritten ist, muß man spät abends, nachdem die Beleuchtung etwa zwei Stunden abgeschaltet ist, das Licht wieder einschalten. Wenn die Schnecken dicht an den Scheiben sitzen, kann man sie am schnellsten mit einem Kescher abstreifen und aus dem Aquarium entfernen. Ihre Gehäuse sind so hart, daß sie nicht leicht zerquetscht werden können. Aber auch tägliches Absammeln über den Zeitraum eines Monats hinweg kann lediglich den Bestand verdünnen, und niemals gelingt es, alle zu beseitigen. Andere Aquarianer nehmen diesen Schnecken vor allem übel, daß sie den unterschiedlich hoch eingebrachten Bodengrund durch ihre Wühlarbeit einebnen und der Sand dadurch „langweilig" horizontal liegt. Schließlich entfernen auch sie nichts aus dem Aquarium, sie binden lediglich einen Teil der Abfallstoffe, koten aber selbst kräftig und hinterlassen dadurch nur feineren Schlamm.
Es zeigt sich also, daß sich Schnecken im Aquarium zwar ausgezeichnet halten lassen, daß dies aber stets mit erheblicher Mehrarbeit verbunden ist. Außer der Apfelschnecke vermehren sich alle Arten in unseren Aquarien explosionsartig und lassen sich dann kaum mehr auf ein erträgliches Maß reduzieren. Auch hier zeigt sich wieder, daß es nicht gelingen kann, einen ausgewogenen Naturausschnitt nachzuempfinden. Vor allem für die Posthornschnecken sind die Bedingungen in unseren Aquarien normalerweise so gut, daß sie sich stark vermehren und eine Haltung besonders dieser Art nur bedingt empfohlen werden kann.

Die Vergesellschaftung verschiedener

Haben wir uns bisher vor allem mit der Raumaufteilung und der zu erwartenden Einordnung der Fische befaßt, so soll es uns jetzt um die Verhaltensweisen gehen, die die Fische untereinander entwickeln. Keinesfalls schwimmen Fische beziehungslos durch das Aquarium. Ihr Verhalten kann nicht nur durch die Gestaltung des Aquariums, sondern auch durch den Besatz mit anderen Fischen wesentlich beeinflußt werden. Gehen wir davon aus, daß der Erstbesatz aus geschlechtlich noch undifferenzierten Jungfischen der üblichen Verkaufsgröße besteht, dann fällt auf, daß vor allem in den ersten Stunden und Tagen auch bei Fischen verschiedener Artzugehörigkeit die Neigung besteht, Gruppen zu bilden. Das Erkundungsverhalten im neuen Aquarium führt dazu, daß die Distanz zwischen den einzelnen Tieren nur gering ist und daß die einzelnen Bereiche des Aquariums zunächst zögernd, dann zügiger durchschwommen werden. Dadurch wird deutlich, daß ein Schwarmverhalten Ausdruck der Beunruhigung und der Unsicherheit unter den neuen Verhältnissen ist.

Nach einer ersten Zeit der Eingewöhnung lösen sich die Tiere in kleinere Gruppen auf, bis auch Einzelfische das Erkundungsverhalten allein fortsetzen. So betrachtet sind zeitweilig alle Fische mit einem Schwarmverhalten ausgestattet und das um so mehr, je jünger sie sind. Das Schwarmverhalten ist auch Ausdruck geschlechtlicher Neutralität, denn mit zunehmender Eingewöhnung kommt es keineswegs nur bei den Männchen zu Rivalitätskämpfen, die an ein bestimmtes Territorium gebunden sind.

An anderer Stelle wurde bereits erwähnt, daß der Begriff „Schwarmfisch“ vielfach ungenau gebraucht wird, weil selbst die als Schwarmfische bezeichneten Salmler und Barben sich nur zeitweilig enger gruppieren, bei bestehender Gelegenheit jedoch eigene Territorien besetzen. Nur Beunruhigung durch Hantieren im Aquarium oder während der täglichen Fütterung führt zur Aufgabe der Positionen, danach stehen die Fische fast immer wieder ziemlich schnell an ihrem Platz. Noch deutlicher wird das Aufgeben des ursprünglichen Schwarmverhaltens, wenn man eine Gruppe junger Buntbarsche bei ihrer Entwicklung verfolgt. Zunächst eng beeinander schwimmend löst sich der ursprünglich geschlossene Verband von Woche zu Woche immer mehr zu einzelnen Gruppen auf. Diese Gruppen werden immer kleiner, bis schließlich nach vielen Auseinandersetzungen ein Paar übrigbleibt, das seinerseits Front gegen alle Einzelexemplare macht. Verändert man innerhalb des Aquariums die Einrichtung, bricht die bereits vollzogene Paarbildung wieder zusammen, neue Kämpfe beginnen, und es ist bei jungen Paaren durchaus nicht selten, daß als Ergebnis dieser neuen Auseinandersetzungen andere Paarbildungen zustande kommen.

Im üblichen Gesellschaftsbecken, dessen Besatz willkürlich zusammengestellt wird, hängt es vom Durchsetzungsvermögen der jeweiligen Bewerber um das gleiche Territorium ab, welche Arten ihr typisches Verhalten vorführen können. Ein beherrschendes Buntbarsch-Paar kann dann tatsächlich Barben oder Salmler zu ständigen Schwarmfischen machen, weil diese Fische niemals zur Ruhe kommen. Andererseits kann bei der Vergesellschaftung mehrerer Buntbarsch-Arten das dominierende Paar die anderen daran hindern, eigene Reviere aufzubauen; dann werden auch diese unterlegenen Buntbarsche zu Schwarmfischen.

Wenn solche Situationen in Gesellschaftsaquarien eintreten, schimpfen die Liebhaber häufig auf die „Störenfriede“, möchten wieder harmonische Verhältnisse und sehen zu, daß sie die „Unruhestifter“ loswerden. Dabei haben diese Fische lediglich ihr normales Verhalten vorgeführt und damit bewiesen, daß sie mit dem angebotenen Lebensraum durchaus zurechtkamen. Vielen ist es dann

unerklärlich, daß sich nach dem Entfernen des Raufbolds ein bisher unterdrücktes Tier durchaus zu ähnlicher Tyrannei aufschwingen kann. Der Fehler lag also beim Liebhaber selbst, der mehrere Bewerber für das gleiche Territorium eingesetzt hatte und nun Zeuge der Auseinandersetzungen wird.
Daher empfehlen erfahrene Aquarianer oft das Artaquarium als einzig mögliche Methode, Fische annähernd naturgemäß halten und ohne Störungen durch andere Arten beobachten zu können. Doch auch das hat seinen Nachteil. Es wird nämlich dann schwierig, die Fische überhaupt noch beobachten zu können. Erfahrungsgemäß sind einzeln gehaltene Arten scheu und verstecken sich bei jeder Beunruhigung, schießen hastig nach dem gereichten Futter und verschwinden sofort wieder in ihren Verstecken. Auf jeder Ausstellung steht man vor diesem Problem, weil die kurz vor Ausstellungsbeginn eingesetzten Tiere eine extrem kurze Eingewöhnungszeit haben. Aber auch der berufstätige Aquarianer, der erst abends Gelegenheit findet, in seine Aquarien zu schauen, stellt dann fest, daß die geringste Bewegung genügt, um sämtliche Fische zum sofortigen Verschwinden zu veranlassen. Auch Fischfotografen kennen dieses Verhalten, denn sie wollen ja meist nur ein Pärchen einer Art möglichst gut ins Bild bringen.
Die Schreckhaftigkeit legt sich jedoch schnell, wenn einige Arten, die ruhig im Aquarium herumschwimmen, hinzugesetzt werden. Sie signalisieren Gefahrlosigkeit für die scheuen Fische, fordern oft das Behauptungsvermögen heraus und lösen damit erst die möglichen Verhaltensweisen der im Mittelpunkt der Beobachtung stehenden Arten aus. So wird die Brutpflege häufig erst dann ausgeführt, wenn beunruhigende „Feindfische" vorhanden sind, weil ohne den betreffenden Reiz die zuständige Verhaltensweise nicht abreagiert werden kann. Fehlen diese Reize, richtet sich die Aggressivität häufig gegen den eigenen Partner, so daß die Brut durch Auseinandersetzungen der Elterntiere gefährdet ist oder sogar gefressen wird.
Oft hört man auch hier den Einwand, daß man sich ja an seinem Aquarium nur erfreuen und keineswegs züchten wolle. Unter guten Verhältnissen werden aber alle Fische früher oder später geschlechtsreif. Zur Geschlechtsreife gehören aber die damit verbundenen Verhaltensweisen wie Partnerwahl, Balz und das Besetzen eines Reviers.
Damit soll natürlich nichts gegen das übliche Gesellschaftsaquarium gesagt werden. Im Gegenteil; es ist eine wichtige Station, die ein Aquarianer auf dem Weg zum Beherrschen seines Aquariums durchlaufen muß. Die mit einem Gesellschaftsaquarium erworbenen Kenntnisse führen vor allem dazu, aus dem großen Angebot der Fischarten diejenigen herauszufinden, die einem besser als andere gefallen und zu denen man eine Beziehung entwickelt. Dabei wird es immer wieder vorkommen, daß durch spontanes Mitbringen eigentlich nicht passender Tiere das eingespielte Gefüge eines Aquariums durcheinander gerät, daß die vorhandenen Fische die neuen verjagen und die neuen bemüht sein müssen, eine Position in der vorhandenen Gemeinschaft zu finden. Es sind dann häufig nicht so sehr unpassende Wasserverhältnisse, als vielmehr mangelndes Durchsetzungsvermögen oder bereits besetzte Reviere, die es den neuen Fischen unmöglich machen, sich einzugewöhnen. Aber auch aus solchen Fehlbesetzungen kann man nur lernen.
Es ist vor allem von der Größe eines Aquariums abhängig, für wieviel Arten zusagende Lebensbedingungen geboten werden können. Da der Temperaturspielraum und die Wasserverträglichkeit für die meisten Arten des Handelssortiments durchaus ähnlich sind, hängt es von der Einrichtung des Aquariums und der gezielten Auswahl der Fische ab, in welchem Maße die Tiere ihr natürliches Verhalten entwickeln können.

Geschlechtsunterschiede Eine schon beim Kauf von Fischen wichtige Frage ist die nach den Geschlechtsunterschieden. Das gilt insbesondere für den Anfänger beim Kauf der Erstbesetzung, der häufig dazu neigt, von jeder gewünschten Art stets ein Pärchen zu kaufen. Der beratende Händler wird darauf hinweisen, daß es besser sei, lieber von jeder Art je sechs bis zehn Fische zu erwerben. Und stets wird der Anfänger annehmen, daß dieser Rat aus geschäftlichem Interesse gegeben wird.

Dennoch hat der Händler richtig beraten. Sein Rat entsprach nicht etwa dem fachlichen Unvermögen, den handelsüblichen Jungfischen einfach nicht ansehen zu können, aus welchem Tier sich einmal ein Männchen oder ein Weibchen entwickeln wird. Dieser Unterschied ist nämlich bei vielen Fischen erst recht spät erkennbar. Die meisten Jungfische sehen eine Zeitlang aus wie die Weibchen der betreffenden Art, die typischen Eigenschaften der Männchen entwickeln sich erst unmittelbar vor der Geschlechtsreife. Natürlich gibt es ein paar Ausnahmen, bei denen auch die Weibchen später zusätzliche Farbkennzeichen aufweisen, aber bei den meisten Arten ist dies nicht so. Daher trägt der Vorschlag, lieber mehrere Tiere einer Art als von vielen Arten ein Paar zu kaufen, dem Entwicklungsstand der Fische Rechnung. Mit der Größe der Anzahl wächst die Wahrscheinlichkeit, beide Geschlechter unter den Jungfischen vertreten zu haben, aus denen sich später leichter Paare zusammenfinden können.

Auch hier wenden viele Liebhaber ein, daß ihnen das eigentlich egal sei, denn an Zucht sei nicht gedacht. Dem ist aber einiges entgegenzuhalten. Zunächst werden die Aquarienfische meist nach ihrem Schauwert gekauft, das heißt Farben sowie Körper- und Flossenformen spielen eine erhebliche Rolle. Bei vielen Arten aber beschränkt sich der Schauwert auf die Männchen, weil sie oft farbiger als die Weibchen sind und häufig vergrößerte Flossen zeigen. Und tatsächlich gibt es Aquarianer, die ganze Aquarien mit Guppy-Männchen verschiedenster Farb- und Flossenformen sammeln und nicht daran denken, Weibchen hinzuzusetzen. Diese Männchen werden aber untereinander äußerst aggressiv und verletzen sich früher oder später die verlängerten Flossen, so daß von der erwünschten Pracht bald nicht mehr viel übrig ist.

Bei manchen Arten kann das Vorhandensein mehrerer Männchen dazu führen, daß man immer nur eines sieht, das die anderen durch seine Überlegenheit in Schach hält. Bei anderen Arten aber sind mehrere Männchen auch stets eine Herausforderung, ständig die schönste Färbung zu zeigen. Das gegenseitige Imponiergehabe führt dann zu einer Intensivierung der Färbung, die man bei der Haltung eines Paares nicht erlebt. Wer also mit Technik und guter Fütterung viel Aufwand betreibt, um seinen Fischen gute Lebensverhältnisse zu bieten, sollte sich nicht um das Ergebnis seiner Bemühungen bringen, indem er eine wesentliche Komponente im Leben der Fische vernachlässigt, das Balz- und Fortpflanzungsverhalten. Erst dabei zeigen die Fische die erwarteten Prachtfarben, Schwimmbewegungen und Verhaltensweisen, die zum Beobachten am Aquarium herausfordern. Und dazu gehören nun einmal Tiere beiderlei Geschlechts von jeder Art.

Es gibt noch eine weitere Begründung. Nicht nur die Beschädigung nach Kämpfen der Männchen kann zu unansehnlichen Fischen führen, auch Weibchen, die bei guter Fütterung Laich bilden und ihn nicht loswerden, beeinträchtigen das Erscheinungsbild. Zwar können manche Arten die Eier ausstoßen, ohne daß ein Männchen dabei ist, auch Rückbildung von Laich wird vermutet, aber viele Weibchen können das nicht. Sie schwimmen dann mit aufgetriebenem Körper und sind bestimmt keine Zierde mehr. Von artgerechter Haltung kann man dann nicht mehr sprechen.

Auch wenn viele Liebhaber es nicht bemerken, finden nämlich auch im Gesellschaftsaquarium ständig Laichabgaben statt. Entweder geschieht das früh am Morgen, wenn während der Vorbereitungen zum Tagesbeginn keine Zeit zu Aquarienbeobachtungen bleibt, oder die Laichabgaben finden im Verlauf des Tages statt, wenn niemand zu Hause ist und daher keine Beunruhigung durch Hin- und Hergehen erfolgt. Je nach Besatz des Aquariums kommt vom Laich beziehungsweise den Jungfischen wenig oder nichts auf, weil sich andere Fische, auch die Angehörigen der eigenen Art, darüber hermachen. Auslöser für dieses Laichverhalten ist häufig ein Wasserwechsel, und wer sich einmal am Morgen danach Zeit nehmen kann und früh aufsteht, wird erstaunt sein, was sich während seiner Abwesenheit im Aquarium so alles tut.

Enthält die Einrichtung dicht bepflanzte Ecken oder Polster von Javamoos, so ist es durchaus möglich, daß auch einzelne Jungfische überleben. Sie werden meist erst entdeckt, wenn sie mit einer Größe von etwas über einem Zentimeter ihre Verstecke verlassen und frei herumschwimmen.

Wichtiger aber ist, daß durch mehrere Männchen und mehrere Weibchen die Gelegenheit besteht, den natürlichen Abschnitt der Fortpflanzung im Leben der Fische auch im Gesellschaftsaquarium prinzipiell zu ermöglichen, selbst wenn andere Arten das Aufkommen von Jungfischen verhindern.

Woran nun erkennt man Männchen und Weibchen? Es ist im Rahmen dieses Buches verständlicherweise nicht möglich, zu allen handelsüblichen Aquarienfischen detaillierte Beschreibungen der Geschlechtsunterschiede zu geben. Wir wollen deshalb nach Gruppen vorgehen, weil sich dabei am ehesten prinzipielle Kennzeichen nennen lassen.

Am einfachsten sind die Geschlechter bei Lebendgebärenden Zahnkarpfen zu unterscheiden. Da bei diesen Lebendgebärenden weit entwickelte Jungfische geboren werden, die im Körper der Mutter herangereift sind, ist es notwendig, die Spermien direkt in den mütterlichen Körper zu übertragen. Dazu dient die umgewandelte Afterflosse der Männchen, mit deren Hilfe Samenpakete in die Geschlechtsöffnung der Weibchen gebracht werden. Dieses charakteristische Organ der Männchen wird Gonopodium genannt. Es besteht aus einer Verlängerung der Afterflossenstrahlen zu einem spitzen Organ, während die Afterflosse der Weibchen flächig bleibt. Alle Jungfische tragen vor der Geschlechtsreife eine flächige Afterflosse und können deshalb nur schwer in Männchen und Weibchen unterschieden werden. Mit etwas Erfahrung ist aber den halbwüchsigen Tieren anzusehen, wie sich die Afterflosse entwickeln wird: Künftige Männchen besitzen kleinere Afterflossen als die Weibchen. Setzt das Wachstum der Flossenstrahlen ein, ist der Unterschied eindeutig zu erkennen.

Die Geschlechter der meisten Barben können durch den Körperbau eindeutig unterschieden werden, weil die Männchen kleiner bleiben und eine schlanke Bauchpartie besitzen. Meist sind die Männchen auch farbiger, doch das ist in einem vollbesetzten Verkaufsaquarium nicht immer erkennbar. Das gleiche gilt für die Salmler. Die kleineren und schlankeren Männchen können, wenn man erst einmal einen Blick dafür bekommen hat, recht leicht von den plumper wirkenden Weibchen unterschieden werden. Interessant ist, daß alle den Salmlern verwandten Arten, die eine mehr oder weniger intensive Brutpflege oder Revierverteidigung nach dem Laichen entwickelt haben, meist deutlich größere Männchen aufweisen.

Die Vielzahl der Welse ist nach generellen Geschlechtsmerkmalen nur sehr schwer unterscheidbar. Da die Geschlechtsreife außerdem recht spät einsetzt, bei größeren Arten erst nach mehreren Jahren, ist der Laichansatz eines Weibchens das einfachste und sicherste Merkmal. Bei freilaichenden Arten sind die Weibchen größer, bei brutpflegenden die Männchen.

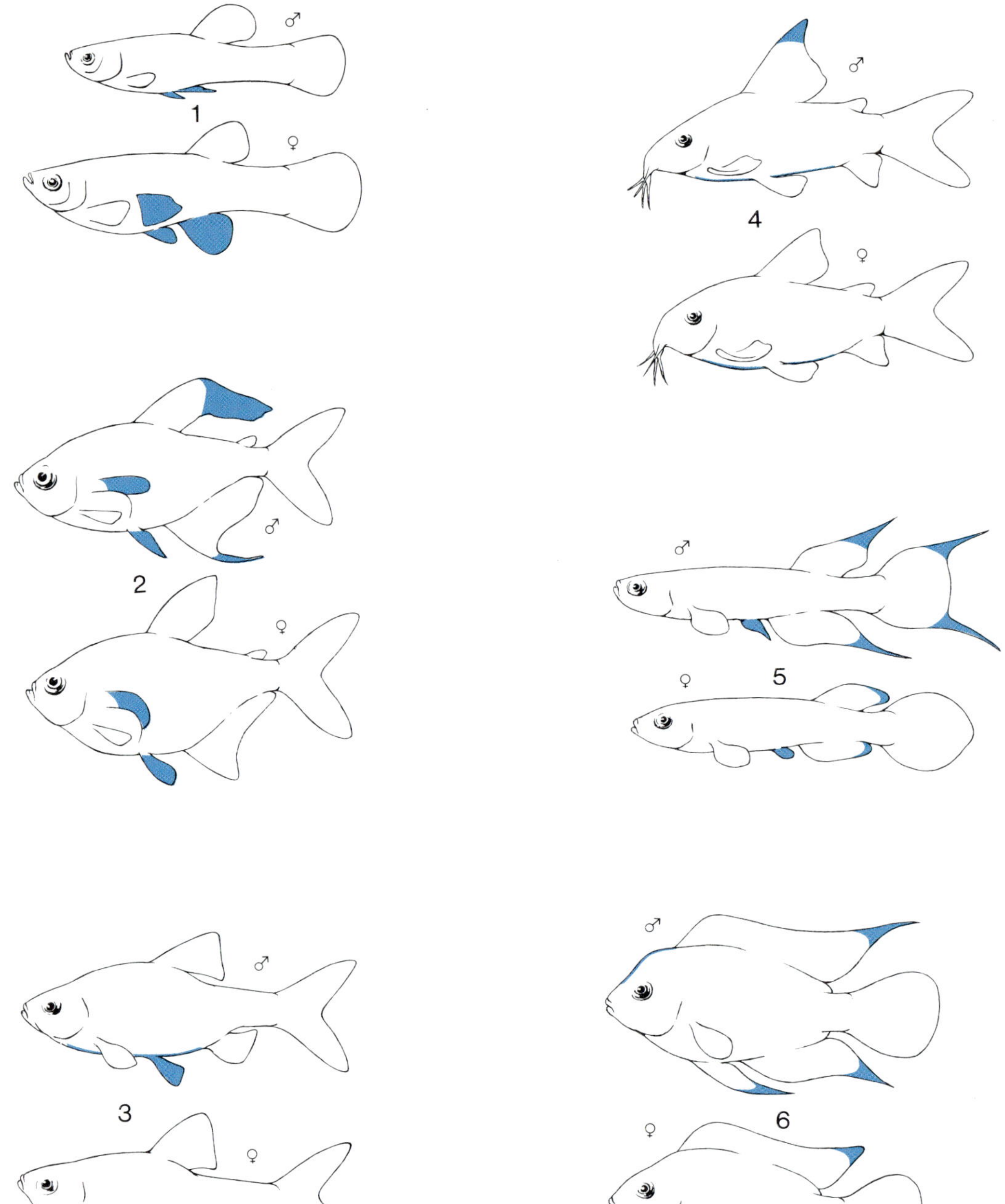

1 Lebendgebärende Zahnkarpfen: ♂ – Afterflosse spitz, zum Gonopodium umgewandelt, ♀ – Afterflosse frei hängend, oft ein Reifeflech, im hinteren Bauchbereich.
2 Salmler: ♂ – Oft verlängerte Flossen, Schwimmblasenende freistehend, ♀ – Leib gedrungen, Schwimmblase liegt den Eingeweiden an
3 Barben: ♂ – Bauchpartie flach, ♀ – Bauchpartie durchgewölbt
4 Welse: ♂ – Rückenflosse oft größer, Kopf spitz, Bauchpartie flach, ♀ – Kopf plump, Leib breit und durchgewölbt
5 Eierlegende Zahnkarpfen: ♂ – Farbenprächtig, Flossen oft verlängert, zugespitzt, ♀ – meist graubraun, höchstens schwarze Muster, Flossen abgerundet
6 Buntbarsche: ♂ – Flossen flächig größer, oft verlängert und zugespitzt, Kopf bullig, oft mit Stirnbuckel, ♀ – angelegte Bauchflossen enden vor dem Ansatz der Afterflosse

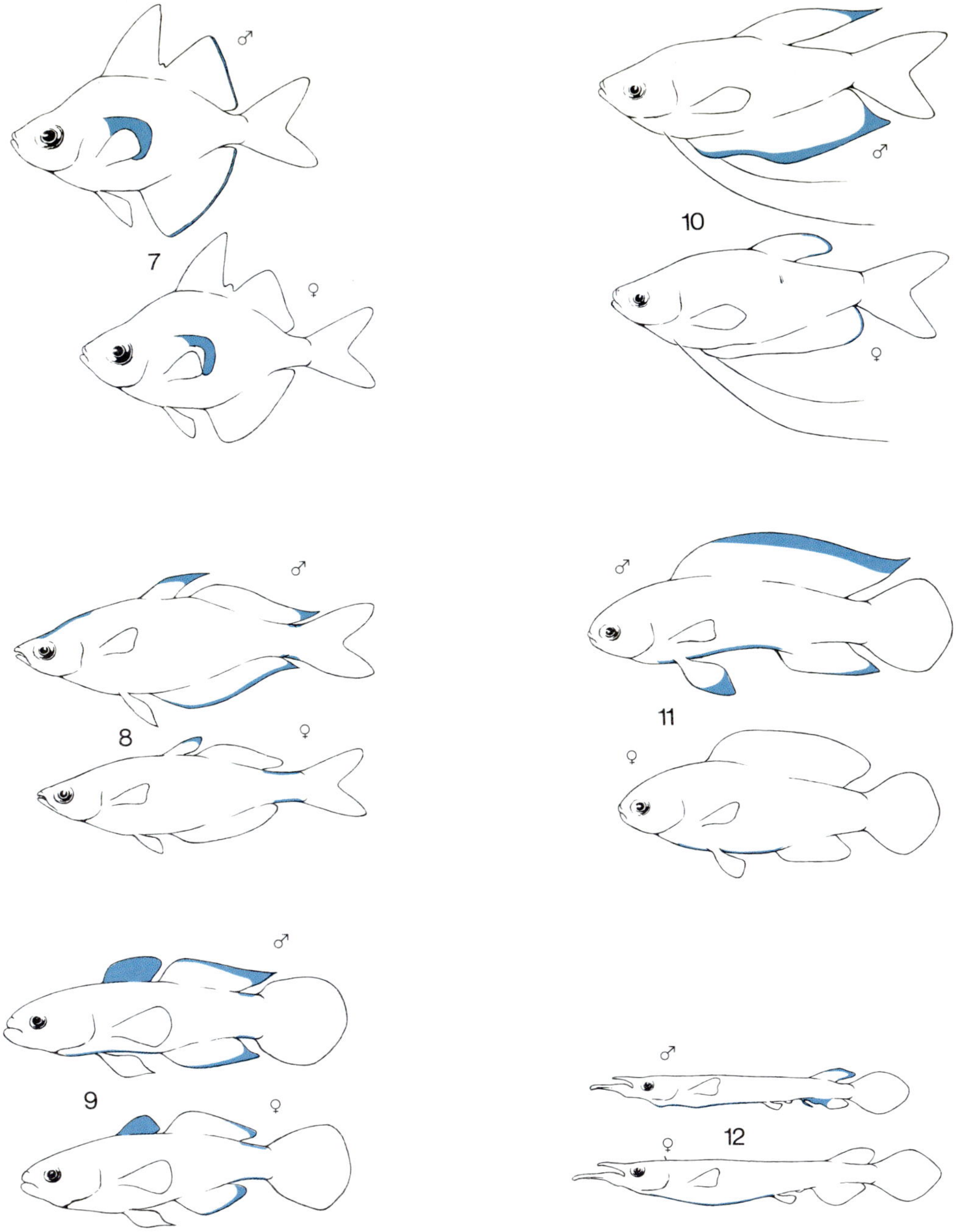

7 Glasbarsche: ♂ – Flossen flächig größer, Rücken- und Afterflosse mit blauem Rand, ♀ – Schwimmblase erscheint kleiner, wird zum Teil durch Eingeweide verdeckt
8 Regenbogenfische: ♂ – Kopf gröber, oft Nackenbuckel, Flossen flächig größer und zugespitzt, ♀ – Leib gedrungen, Flossen abgerundet
9 Grundeln: ♂ – Kopf gröber, Flossen flächig größer, oft mit verlängerten Strahlen, ♀ – Leib gedrungen, erste Rückenflosse deutlich kleiner.
10 Labyrinthfische: ♂ – Flossen flächig größer, oft verlängert und zugespitzt, ♀ – Bauchpartie gedrungen, Flossen abgerundet
11 Blaubarsche: ♂ – Körper leicht gekrümmt, Flossen größer, ♀ – gedrungen, Bauchpartie durchgewölbt
12 Halbschnäbler: ♂ – Körper flach, vorderer Teil der Afterflosse mit umgestalteten Strahlen, ♀ – Körper kräftig, Afterflosse ohne Strahlenlängerung

Von ganz wenigen Ausnahmen abgesehen, lassen sich die Geschlechter der Labyrinthfische sehr leicht unterscheiden. Grundsätzlich sind die Männchen intensiver gefärbt als die Weibchen, sie haben auch größere und zum Körperende hin spitz ausgezogene Rücken- und Afterflossen.

Bei den zahlreichen Buntbarsch-Arten kann man ähnliche Merkmale zur Geschlechterunterscheidung heranziehen, nur nützt dies nicht viel, weil für die meisten Arten das Zusammenstellen eines Männchens mit einem beliebigen Weibchen nicht automatisch ein gutes Paar ergibt. Die ausgeprägte Brutpflege erfordert auch eine Übereinstimmung der Verhaltensweisen, das heißt, die Paare müssen sich aus einer Jungfisch-Gruppe heraus erst finden und sich aneinander gewöhnen.

Anders bei den Maulbrütern, weil hier eine Paarbildung nur für den Zeitpunkt des Laichens erforderlich ist. Wegen der begrenzten Abmessungen der Aquarien sollten immer mehrere Weibchen vorhanden sein, weil Maulbrüter-Männchen ständig laichbereit sind und einzelne Weibchen dann unablässig jagen.

Bei den Glasbarschen ist eine Unterscheidung einfach. Schon lange, bevor die orangerote Körperfärbung der Männchen einsetzt, zeigt ein hellblauer Rand an Rücken- und Afterflosse die künftige geschlechtliche Entwicklung.

Bei der Vorstellung der Ährenfische wurde bereits erwähnt, daß die Einfärbung der Männchen lange auf sich warten läßt. Bis dahin sind auch keine weiteren Anhaltspunkte als Hinweis auf die Entwicklung zum Männchen oder Weibchen zu sehen, so daß man immer eine größere Gruppe von Jungfischen besorgen muß. Die Einfärbung ist gerade bei Regenbogenfischen auch tageszeitabhängig. Am schönsten sind die Männchen während der morgendlichen Balz, im Laufe des Tages verblassen sie, oft jedoch kann die Färbung auch am Abend noch einmal intensiver werden. Bei ausgewachsenen Männchen läßt sich auch ohne Prachtfärbung an der größeren ersten Rückenflosse das Geschlecht erkennen. Die erste Rückenflosse der Weibchen erreicht angelegt die zweite Rückenflosse nicht.

Alle Männchen Eierlegender Zahnkarpfen sind farbiger als die Weibchen, die meist einfarbig graubraun bis gelblich bleiben. Bei nahe verwandten Arten und vielen Lokalformen lassen sich die Weibchen schwer zuordnen. Deshalb sollten niemals mehrere ähnlich aussehende Formen gemeinsam gehalten oder auch nur in einem Gefäß transportiert werden, sonst kommt es leicht zu unerwünschten Verpaarungen, die vermieden werden sollten.

Bei den Blaubarschen sind die größeren Männchen tief schwarzblau, die Weibchen bleiben braun. In der Handelsgröße weisen Jungtiere mit hohlem Bauch auf künftige Männchen hin.

Halbschnäbler sind lebendgebärende Fische. Ähnlich wie bei den Lebendgebärenden Zahnkarpfen erkennt man die Männchen an einer Umbildung der vorderen Afterflossenstrahlen, während die größer werdenden Weibchen eine normale Afterflosse besitzen.

Alle bisher eingeführten Grundeln haben Männchen mit vergrößerter erster Rückenflosse, oft auch mit flächig größeren Flossen.

Noch einmal muß betont werden, daß die hier genannten Merkmale nur Anhaltspunkte sind und keine genaue geschlechtliche Unterscheidung für jede Art ermöglichen. Ergänzend soll noch bemerkt werden, daß auch Fische bis zur Ausreifung des Geschlechts offenbar Schwierigkeiten haben, ihre Partner einzuschätzen. So kämpfen zum Beispiel am Anfang der Geschlechtsreife junge Männchen und Weibchen unterschiedslos gegeneinander. Sie erkennen offenbar erst mit zunehmender Reife an beim Kämpfen übertragenen Signalen, ob sie ein Männchen oder ein Weibchen vor sich haben. Es ist schon interessant, daß trotz auffälliger Farbunterschiede zwischen den Geschlechtern vieler Arten dem Verhalten beim Erkennen des anderen Geschlechts eine größere Bedeutung zukommt als den für uns auffälligen Farb- und Gestaltunterschieden.

Gesellschaftsaquarien Sie gelingen selten auf Anhieb und durch Improvisieren. Verschiedene Elemente haben wir schon genannt: die horizontale Gliederung in verschiedene Tiefenbereiche und das Angebot an Revieren durch entsprechendes Einrichten. Es gibt einige bewährte Kombinationen von Fischen, die nach allgemeinen Erfahrungen gut miteinander auskommen und sich daher für Gesellschaftsaquarien eignen.

Da das in den Fachbereichen erhältliche Sortiment an Wasserpflanzen und Fischen auf den mehrfach erwähnten Temperaturbereich zwischen 20 °C (18 °C) und 25 °C (30 °C) „zugeschnitten" ist, könnten eigentlich alle Pflanzen und alle Fische vergesellschaftet werden, gleichgültig, ob deren Vorfahren aus den Tropen oder Subtropen Afrikas oder Asiens, Nord-, Süd- oder Mittelamerikas oder Australiens stammen. Die Praxis zeigt, daß es Keilfleckbärblingen gleichgültig ist, ob sie unter einer asiatischen Wasserkelch-Art oder einer südamerikanischen Amazonaspflanze hindurchschwimmen. In gut bepflanzten Schauaquarien können südamerikanische Wassernixen einen guten Kontrast zu einer asiatischen Hygrophila-Art bilden. Mit afrikanischen Wasserpflanzen sieht es ohnehin dürftig aus: Anubias- und Aponogeton-Arten, Bolbitis sowie ein paar Seerosen – mehr ist oft nicht erhältlich, und mit ein paar verschleppten Kosmopoliten wie Tausendblatt, Wasserpest oder Hornfarnen werden die Lücken nur notdürftig geschlossen, wenn bei Ausstellungen die geographischen Prinzipien um jeden Preis durchgehalten werden sollen. Spätestens die Regenbogenfische können dann nicht mit Wasserpflanzen ausgestellt werden, weil es so gut wie keine australischen Pflanzenarten in der Aquaristik gibt.

Ebenso kommen Vertreter der verschiedenen Fischgruppen auch in verschiedenen geographischen Räumen vor. Darüber hinaus gibt es barbenähnlich lebende Salmler, salmlerähnliche Barben, Oberflächenfische verschiedener geographischer Regionen und Buntbarsche unterschiedlichster Größen- und Lebensbereiche. Während sich Zwergbuntbarsche als Beifische für Salmler grundsätzlich eignen, weil sie auch in der Natur gemeinsam vorkommen, besteht kein ernstzunehmender Grund, die ähnlich lebenden Blaubarsche nicht mit einem Salmlerschwarm zu kombinieren. Niemand schreibt vor, daß es Barben sein müssen, weil beide in manchen Gewässern Südasiens vorkommen. Algenverzehrende Arten setzt man ohnehin überall hinzu. Hauptsache, sie bekämpfen die lästigen Beläge oder Fäden, dann ist es auch gleichgültig, ob sie der Herkunft nach zu den auffälligen Labyrinthfischen passen.

Daß auch nicht alle in größeren oder kleineren geographischen Räumen vorkommenden Arten automatisch zusammenpassen, zeigen Salmler, die an den verlängerten Flossenstrahlen der Segelflosser knabbern, oder Barben, die die fadenförmigen Bauchflossen vieler Labyrinthfische geradezu spielerisch verkürzen, obwohl sie in der Natur durchaus in den gleichen Biotopen vorkommen können. Stets sind aber Arten mit gleichen Revieransprüchen Anlaß zu Unverträglichkeiten. Das ist bei jeder Art zu berücksichtigen, ob sie nun bei einem Neubesatz oder erst später zusätzlich in die Aquarien eingesetzt werden soll.

Lebendgebärende Zahnkarpfen im Gesellschaftsaquarium

Die unkomplizierten und anpassungsfähigen Lebendgebärenden sind schon wegen der ständigen Nahrungssuche und der damit verbundenen Beseitigung vieler Algenansätze ideale Beifische für nahezu jedes Gesellschaftsaquarium. Darüber hinaus wirken

viele Arten beruhigend auf scheue Aquarienbewohner, und sie werden mitunter gezielt mitgepflegt, weil ihre Jungfische eine Bereicherung des Speisezettels räuberischer Arten darstellen.
Möchte man allerdings Aquarien eigens für Lebendgebärende Zahnkarpfen einrichten, sieht man sich mit einigen Problemen konfrontiert. Zwar gelten sie als friedlich, doch führen die Männchen der meisten Arten erbitterte Zweikämpfe um die Rangordnung durch, in deren Ergebnis Schuppenverluste, Flossenrisse und sogar Todesfälle vorkommen können. Meist sieht man nur das stärkste Männchen im vorderen Aquarienbereich schwimmen, das seine Nebenbuhler unbarmherzig verfolgt, bis sie sich aus der Deckung nicht mehr heraustrauen. Und noch ein interessantes Verhalten kann man beobachten: Hält man eine Art Lebendgebärender für sich, sind sie scheu und kaum zu sehen. Erst wenn Jungfische geboren wurden und sich ständig im freien Wasser aufhalten, werden auch die erwachsenen Tiere langsam zutraulicher und verschwinden nicht gleich, wenn man sich dem Aquarium nähert oder daran vorbeigeht.
Gegen die Vergesellschaftung mehrerer Arten (oder Zuchtformen) von lebendgebärenden Zahnkarpfen spricht außerdem die zum Teil recht nahe Verwandtschaft innerhalb der Gattungen. Die gesamte Familie ist erdgeschichtlich noch jung, und die Artbildung ist in manchen Gattungen noch in vollem Gange. Dadurch sind Kreuzungen möglich, besonders unter den beengten Verhältnissen eines Aquariums. Freilich kreuzen sich nicht alle Lebengebärenden untereinander, aber immerhin sind schon Bastardierungen selbst zwischen Guppys und großen Mollys vorgekommen.
Keine Aquarienfisch-Gruppe enthält daher so viele Zuchtformen wie die Lebendgebärenden. Auch dies ist ein Ausdruck genetischer Variabilität, wie sie für junge Entwicklungszweige im Tierreich typisch ist. Das bedeutet aber auch, daß diese Zuchtformen untereinander kreuzbar sind. Freilich wird auch hier wieder der Einwand kommen, daß man ja gar nicht züchten wolle, und deshalb solche Gesichtspunkte nicht berücksichtigt werden müßten. Mein Einwand: Durch günstige Umstände können, wie das schon mehrfach erwähnt wurde, durchaus einige Jungfische im Gesellschaftsaquarium überleben, und jeder Aquarianer freut sich über solche Tiere, weil sie ihm prinzipiell bestätigen, daß er sein Aquarium richtig bepflanzt hat. Es ist dann aber enttäuschend, wenn solche Jungfische wertlos sind, weil sie aus unerwünschten Kreuzungen stammen. Nun sind Kreuzungen nicht prinzipiell zu verwerfen, denn eine große Zahl von wichtigen Zuchtformen geht auf Kreuzungen zurück. Bis eine solche Zuchtform aber die gewünschte Ausprägung der Merkmale zeigt, sind Auslese, vielleicht auch Rückkreuzungen, also mehrere züchterische Schritte erforderlich. Unkontrollierte Bastardierungen können zwar zufällig zu guten Fischen führen, aber die Wahrscheinlichkeit ist gering. Man bringt sich also um ein Erfolgserlebnis, wenn die aufgewachsenen Jungfische, und das ist in der Mehrzahl der Fälle so, wertlose unattraktive Zwischenstufen auf dem Weg zu einer Zuchtform darstellen.
Ganz besonders gefährdet sind alle Zuchtformen der Gattung *Xiphophorus,* also Schwertträger, Platys und Papageienkärpflinge. Zwar hat jede echte Art ein bestimmtes, arteigenes Paarungsverhalten, das Fremdkopulationen ausschließen müßte. Andererseits aber wirken größere Weibchen auf die Männchen aller Arten dieser Gattung sexuell stimulierend, so daß die Enge des Aquariums irgendwann eine Paarung doch möglich macht. Platy- und Papageienkärpfling-Männchen versuchen trotz Anwesenheit eigener Weibchen, die größeren Schwertträger-Weibchen zu begatten. Ebenso sind die größeren Papageienkärpfling-Weibchen für die kleinen Platy-Männchen attraktiv, so daß ich rate,

immer nur eine Art der Gattung *Xiphophorus* im Gesellschaftsbecken zu halten.
Deshalb braucht man nicht auf weitere Lebendgebärende zu verzichten. Mollys paaren sich niemals mit Xiphos, wie die Zuchtformen der vorher genannten Gruppe genannt werden, so daß die pechschwarzen und als Algenvertilger äußerst nützlichen Black Mollys unbedenklich mit jeder Xiphophorus-Zuchtform gemeinsam gehalten werden können.
Wie sieht es aber mit den vielen attraktiven Guppy-Zuchtformen aus? Für die einzelnen nach Flossenformen und Körperfärbung unterschiedenen Zuchtstämme gilt das gleiche wie bei den erwähnten Xiphophorus-Zuchtformen: Durch Vermischung kommen keinesfalls attraktivere Tiere zustande, oft ist das Ergebnis geradezu enttäuschend. Auch Guppy-Zuchtformen entstanden nur durch langwierige Auslese. Es ist schon schwer, das Niveau guter Stämme durch einfache Weitervermehrung zu halten. Deshalb rate ich bei Interesse für die Guppy-Zucht davon ab, gute Stämme zu vermischen. Bekanntlich sind Guppy-Männchen ständig paarungsbereit und auch für sie sind größere Fische sexuell attraktiv, sind doch auch die Guppy-Weibchen mindestens doppelt so lang wie die Männchen. So ist es zu erklären, daß gelegentlich Kreuzungen zwischen Guppys und Mollys zustande gekommen sind, die gemeinsam der Gattung *Poecilia* angehören. Allerdings ist das selten und die Wahrscheinlichkeit gering. Guppys und Mollys kann man also ruhig miteinander halten.
Da Algenbekämpfung ein zentrales Thema der Aquaristik ist, wurden ein paar weitere Kärpflinge empfohlen, die ihrerseits aber wieder das Kreuzungsrisiko erhöhen: Die Angehörigen der *Limia,* wissenschaftlich zum Teil noch als Untergattung von *Poecilia* aufgefaßt, neigen allesamt zur Vermischung untereinander. Die Fische dieser Gattung sind allerdings züchterisch kaum bearbeitet worden und werden als Wildformen bezeichnet, weil ihre in Aquarien aufgewachsenen Nachkommen sich nicht von den in freier Natur lebenden unterscheiden. Bisher sind zwischen allen Poecilia (Limia)-Arten Kreuzungen bekannt geworden. Deshalb immer nur eine Art pflegen!
Damit ergibt sich, daß die eine oder andere Art von lebendgebärenden Zahnkarpfen oder eine Zuchtform durchaus im Rang eines Beifisches gehalten werden kann, ausgesprochene Aquarien für Lebendgebärende aber relativ selten existieren, sieht man von denen spezialisierter Liebhaber ab, die es sich zum Ziel gesetzt haben, in vielen Aquarien die weniger populären aber dennoch interessanten Wildformen zu erhalten.
Zucht- und Wildformen gehören zu den kurzlebigen Fischen, denn über drei Jahre alt werden nur wenige Exemplare. Diese Lebensdauer wird durch hohe Temperaturen oft noch verkürzt, weil die hohen Temperaturangaben nach Messungen in den Heimatgebieten Veranlassung war, diese Fische auch in Aquarien so warm zu halten. Erfahrungsgemäß aber überfordern wir den Organismus dieser Tiere mit Temperaturen um oder über 25 °C, bei 18 bis 23 °C gedeihen sie besser.

Barben und Bärblinge im Gesellschaftsaquarium

Grundsätzlich geht es in solchen Aquarien recht lebhaft zu, weil Barben und Bärblinge noch am ehesten Schwarmfische sind. Eigentlich leben sie in allen Bereichen von der Oberfläche bis zum Bodengrund, doch ist die Tendenz der Barben zum Gründeln stets zu beachten. Bärblinge dagegen sind eher Mittelwasser- und Oberflächenfische. Viel mehr als die Salmler lieben sie strömendes Wasser, so daß eine kräftige Filterung nicht nur für die erwünschte Wasserbewegung sorgt, sondern auch gleichzeitig den beim Gründeln aufgewirbelten Mulm beseitigt. Ohne eine gute Filterung sind die Pflanzen bald mit feinen Schwebeteilchen bedeckt und werden unansehnlich.

Leider haben Barben nicht den besten Ruf; sie gelten als Unruhestifter, weil es zu ihren Eigenarten gehört, zeitweilig andere Fische vor sich her zu treiben. Das stört jedoch nur, wenn diese anderen Fische keine Barben sind. Dies kann vermieden werden, wenn man – und hier ist es noch wichtiger als bei Salmlern – am besten zehn und mehr Barben einer Art hält, die dann ständig miteinander beschäftigt sind und dadurch gar nicht auf die Idee kommen, andere Fische zu jagen.

Besonders gilt dies für eine der attraktivsten Barben, die Viergürtel- oder Sumatrabarbe. Schon als Jungfische sehen diese Fische mit ihrem frischen Gelb, den schwarzgrün schimmernden Querbinden und den roten Flossen besonders ansprechend aus, aber es hat wirklich keinen Zweck, davon nur zwei, drei oder vier Exemplare zu kaufen. Eines der Tiere wird das stärkste sein und die etwas schwächeren Artgenossen so lange hin und her hetzen, bis sie kopfunter irgendwo in den Ecken stehen und sich verbergen. Das dominierende Exemplar wird nur zum Störenfried, weil es nicht genug Partner der eigenen Art hat. Ein größerer Schwarm von Barben dagegen läßt eine solche Dominanz nicht aufkommen, denn die innerartliche Aggression, die dabei eine Rolle spielt, verteilt sich auf so viele Exemplare, daß keines darunter leidet. Generell betrifft das alle Barben und Bärblinge, wenn auch die Eigenart des Treibens im Schwarm bei manchen Arten stärker und bei anderen weniger deutlich ausgeprägt ist.

Durch das ständige Gründeln der Barben verbieten sich selbst bei guter Filterung die feinfiedrigen Pflanzen wie Cabomba oder Tausendblatt. Javamoos, dem es nichts ausmacht, wenn man einen Busch ab und zu durchspült, hält sich auch in Barbenbecken gut. Bei Tausendblättern und Sumpffreund-Arten aber kommt es nicht nur zu schlechtem Wuchs durch Mulmauflagerung, die zarten Blättchen werden von den Barben oft geradezu genüßlich abgeweidet, so daß nur noch die Stengel übrig bleiben. Wenn im Barbenfutter pflanzliche Komponenten fehlen, schrecken sie allerdings auch nicht vor derbblättrigen Echinodorus-Arten zurück. Sie gelten zwar als Allesfresser, es ist aber nicht vorhersehbar, worauf ihr Appetit in den nächsten Tagen gerichtet sein wird. Damit kann ein Aquarium für Barben auch dadurch Ärger bereiten, daß plötzlich bestimmte Pflanzenarten innerhalb von Stunden vertilgt werden. Das betrifft vor allem große und mittelgroße Arten. Die kleineren Arten, wie Eiland- oder Stirnstrichbarben, sowie die große Zahl der Bärblinge vergreifen sich jedoch kaum an den Wasserpflanzen und können damit ebenso unproblematisch wie Salmler gehalten werden.

Quirlige und schnellschwimmende Arten, wie Zebrabärblinge und alle Arten der Gattung *Brachydanio,* verhalten sich allerdings, wenn die Gruppe zu klein ist, mitunter ebenfalls etwas ruppig. Man tut sich und den Fischen wirklich keinen Gefallen, wenn man diese Fische nicht artgemäß in größeren Trupps hält und damit auch anderen Tieren ein unbehelligtes Dasein ermöglicht. Den ruhigsten der Bärblinge, den Keilfleckbärblingen, sollte man ein Aquarium mit ruhigen Beifischen einrichten. Sie kommen dann am besten zur Geltung, sind immer in Bewegung, aber niemals hektisch. Dazu paßt z. B. ein Trupp der kleinbleibenden Schwanzfleckbärblinge, aber auch ein Pärchen kleinbleibender Labyrinthfische, wie friedliche Kampffische *(Betta imbellis)* oder Zwergguramis *(Trichopsis pumilus)*. Ebenso können Blaubarsche, kleine Grundeln und Halbschnäbler in einem solchen Aquarium ungestört ihr interessantes Verhalten vorführen.

Keine Fischgruppe spricht auf Frischwassergaben nach Wasserwechseln stärker an als Barben und Bärblinge. Oft noch am gleichen Tag, spätestens aber am nächsten Morgen, zeigt besonders intensives Treiben an, daß die Tiere laichen wollen. Nach dieser Treibphase zerfällt der Schwarm in revierbesetzende Männchen, laichbereite Weibchen und unbeteiligte Eierfresser, die von den Männchen geradezu wütend attackiert werden. Die Lebhaftigkeit laichender Barbenschwärme erfordert auch viel Raum, und so hat man eigentlich nur in großen Aquarien an diesem Schauspiel den rechten Genuß. Unter beengten Verhältnissen werden alle anderen Mitbewohner von den erregten Barben-Männchen arg belästigt.

Aber dieses Behaupten eines Territoriums kann auch zur Folge haben, daß selbst in Anwesenheit ausgewachsener Barben, die als gierige Fresser bekannt sind, einige Jungfische überleben, weil die Männchen auch nach dem Laichen mehrere Tage keinen anderen Fisch in das Revier lassen. Das genügt meist, um die gefährliche Startphase der zunächst hilflosen Fischlarven zu überbrücken. Junge Barben finden im Mulm viele Mikroorganismen, die ihnen das Überleben auch ohne Zusatzfütterung ermöglichen. Sie leben unbemerkt mehrere Wochen im Pflanzendickicht versteckt und tauchen plötzlich in einer Größe von oft über einem Zentimeter auf.

Die Regel, daß große Fische langlebiger als kleine sind, trifft besonders auch für Barben und Bärblinge zu. Die kleineren Arten leben bis zu drei Jahren, während zum Beispiel Prachtbarben durchaus sechs bis zehn Jahre alt werden können. Auch hier spielt natürlich die Temperatur eine Rolle, weil ständig an der Obergrenze ihrer Temperaturverträglichkeit gehaltene Fische eine höhere Stoffwechselaktivität haben und daher schneller altern und daher früher sterben.

Salmler im Gesellschaftsaquarium

Salmler bewegen sich entweder nahe der Wasseroberfläche oder im Mittelwasser des Aquariums, meistens aber im vorderen Bereich des Beckens. Man kann sie daher leicht beobachten. Hinzu kommt, daß bodenbewohnende Salmler die Ausnahme sind. Schon deswegen sind Salmlerbecken besonders klar, da die Tiere nicht gründeln. Sie eignen sich auch gut zur Beruhigung versteckt lebender und scheuer Tiere, aber auch reine Salmler-Aquarien sind attraktiv.

Dennoch kann es sein, daß man nicht ausschließlich Salmler im Aquarium haben möchte. Vor allem lebendgebärende Zahnkarpfen sind als Beifische geeignet – höchstens Zwergkärpflinge können von räuberischen und etwas größer werdenden Arten bei Futtermangel gejagt werden. Den schnellen Salmlern fällt auch die Mehrzahl der im Aquarium geborenen jungen Guppys, Schwertträger oder Platys zum Opfer. Das machen sich manche Aquarianer bewußt zunutze, indem sie auf diese Art und Weise durch das Einsetzen mehrerer Guppyweibchen wenigstens sporadisch für Lebendfutter sorgen. Nur wenn der Zeitpunkt reichlicher Fütterung mit dem Wurftermin eines Weibchens der lebendgebärenden Zahnkarpfen zusammenfällt, haben einige Jungfische die Chance, über die ersten, besonders gefährlichen Stunden hinwegzukommen. Danach fällt es selbst den schnellen Salmlern schwer, sie zu erhaschen.

Bei der Vielzahl der Salmler ist es schwierig, sich nur für eine oder zwei Arten zu entscheiden. Außerdem sind viele Salmler rötlich gefärbt; dann kann ein aus mehreren ähnlichen Arten zusammengestellter Besatz auch unschön wirken. Meistens werden Kontraste angestrebt, zum Beispiel Schwarze Phantomsalmler mit Ziersalmlern, wobei sich die ersteren mehr im Mittelwasser und Ziersalmler meist ständig in Oberflächennähe aufhalten. Sehr attraktiv sind Aquarien, die für Neonsalmler, gleich für welche Art, eingerichtet werden. Das blau glänzende Längsband kommt am besten über dunklem Bodengrund zur Geltung, auch mögen sie es nicht, wenn das Becken zu intensiv beleuchtet wird. Man muß also Wasserpflanzen wählen, die die Oberfläche zumindest in Teilbereichen abdecken, andererseits darf der Lichteinfall natürlich nicht so stark eingedämmt werden, daß im unteren Bereich überhaupt nichts mehr wächst. Gut geeignete Kontrastfische

sind die intensiv rot leuchtenden Glühlichtsalmler *(Hemigrammus erythrozonus)*, und in einem solchen Aquarium stört auch ein Pärchen Zwergbuntbarsche nicht.
Durch die eigenartige Brutpflege bedingt, muß man ein Aquarium für Spritzsalmler ein wenig anders einrichten, als es allgemein üblich ist. Da die Fische aus dem Wasser herausspringen, um ihren Laich an überhängenden Blättern oder an der Deckscheibe abzulegen, muß zwischen Wasseroberfläche und Deckscheibe ein größerer Raum frei bleiben. Eine Handbreit, höchstens aber zehn bis zwölf Zentimeter genügen, um den Fischen Gelegenheit zum Springen zu geben. Wenn man die Sache besonders gut beobachten will, klemmt man ein Philodendron-Blatt so unter die Deckscheibe, daß die Fläche gut eingesehen werden kann. Auf der schattigen Seite springen die Tiere. Zunächst übt das Männchen mehrmals und oft mehrere Tage hindurch, ehe das laichbereite Weibchen hinzukommen darf. Dann springen beide Partner gleichzeitig, und nach spätestens zwei Stunden sind die winzigen Eier am Blatt zu sehen. Dann wird das Weibchen nicht mehr in der Nähe geduldet, und das Männchen führt nun vor, warum der Name Spritzsalmler gewählt wurde.
Es legt sich von Zeit zu Zeit auf die Seite, schleudert mit einer schnellen Bewegung seiner Schwanzflosse einige Wassertropfen gegen das Philodendron-Blatt und befeuchtet damit den Laich. Mit einer Lupe kann man die Entwicklung der Embryonen gut verfolgen, die je nach Wasser- und Lufttemperatur innerhalb von 22 bis 30 Stunden schlüpfen und mit zurückfallenden Wassertropfen ins Aquarium gelangen. Wer den Versuch einer Aufzucht wagen will, entnimmt das Blatt und stellt es in ein vorbereitetes Aquarium, wo sich die Eier auch im Wasser gut entwickeln. Die Aufzucht der Jungfische gelingt aber nur mit sehr feinem Lebendfutter und ist schwierig. Wesentlich leichter gelingt die Zucht anderer Salmler, oft sogar in nicht überbesetzten Gesellschaftsaquarien. Rote von Rio-Männchen bewachen nach dem Laichakt das Revier noch mehrere Tage und verhindern dadurch, daß andere Fische an den Laich und die geschlüpften Jungfische herankommen. Nur laichwillige Weibchen werden geduldet, nach der Eiablage aber sofort vertrieben. Bei hinreichend dichter Bepflanzung passiert es immer wieder, daß ein paar der sehr widerstandsfähigen Jungfische im Pflanzengewirr überleben und den Bestand ergänzen.
Die oft in der Literatur betonte Laichräuberei vieler Salmler betrifft nur am Laichakt nicht beteiligte Fische, während bei immer mehr Arten entdeckt wird, daß in entsprechend eingerichteten Aquarien zwar keine direkte Brutfürsorge, aber eine indirekte Bewachung durch Schutz des Territoriums betrieben wird. Eine solche extensive Zucht kann auch Spaß machen und wird von Aquarianern durchgeführt, die wenig Zeit haben und sich dennoch an Jungfischen erfreuen wollen.
Obgleich wir Salmler als Beifische generell empfehlen können, müssen einige Einschränkungen gemacht werden. Besonders Arten mit lang ausgezogenen Flossenstrahlen reizen viele Salmler-Arten zum Hineinbeißen, so daß Segelflosser, manche Zuchtformen lebendgebärender Zahnkarpfen und Labyrinthfische einfach nicht zur Ruhe kommen, weil die Salmler ständig in die Flossen beißen.
Die Mehrzahl der Salmler kann ein Lebensalter von drei bis fünf Jahren erreichen. Es ist also normal, wenn der Besatz nach etwa drei Jahren durch Verluste langsam ausdünnt.

Eierlegende Zahnkarpfen im Gesellschaftsaquarium

Es hat nicht an Versuchen gefehlt, die Vielzahl an aquaristisch bekannten Arten auf ihre Eignung für Gesellschaftsaquarien zu überprüfen. In einigen Fällen war das Ergebnis positiv, zum Beispiel sind Querbandhechtlinge für kleinere und Streifenhechtlinge für größere Aquarien als Oberflächenfische gut geeignet. Aber schon der Versuch, auch

andere Arten der gleichen Gattungen in Gesellschaftsaquarien einzugliedern, mißlang in den meisten Fällen.
Noch schwieriger ist es, zum Boden hin orientierte Arten in Gesellschaftsaquarien zu halten. Mit Buntbarschen, Welsen oder gründelnden Barben ist dieser Raum meistens schon besetzt und dadurch voller Unruhe; die eher zarten Eierlegenden Zahnkarpfen können sich dort nicht durchsetzen.
Auch der andere Weg, Gesellschaftsaquarien nur für Eierlegende Zahnkarpfen einzurichten, wurde öfter beschritten, doch blieben dauerhafte Erfolge auch hier aus. Das hängt einmal damit zusammen, daß nur die Männchen unterschiedlich farbig gezeichnet sind, während die Weibchen graubraun bleiben und höchstens einige Punkt- oder Fleckenmuster zeigen. Bei der Vergesellschaftung bestehen durchaus Schwierigkeiten, die richtigen Paare zusammenzustellen, wenn man einen Zuchtversuch unternehmen möchte.
Hinzu kommt, daß die Fortpflanzung der Eierlegenden Zahnkarpfen auf eine interessante Art von den besonderen Klimabedingungen in ihrem Heimatgebiet abhängig ist. Die meisten Arten bewohnen zeitweilig überflutete Flächen in subtropischen Gebieten. Während der Regenzeit bilden sich ausgedehnte Wasseransammlungen, die nach dem Einsetzen der Trockenzeit innerhalb weniger Wochen zu schlammigen Tümpeln oder Sümpfen austrocknen oder gar völlig verschwinden können. Auf diesen Rhythmus ist die Biologie der Eierlegenden Zahnkärpflinge eingestellt. Beim Eintrocknen der Wasserstellen werden die Fische häufig ein Opfer der zahlreichen Wasservögel, doch im Schlamm haben sie rechtzeitig reichlich Eier untergebracht. Diese Eier überdauern die Trockenzeit, der Embryo wächst heran und ist schlupfreif, sobald die Regenzeit einsetzt. Die Jungfische starten also in beste Futterbedingungen hinein, da sich zunächst Mikroorganismen, dann Kleinkrebse und später Mükkenlarven entwickeln. Das Wachstum ist rapide, und oft wird die Geschlechtsreife schon nach sechs Wochen erreicht. Sogleich beginnt die Eiablage, und so ist der Kreislauf wieder geschlossen.
Natürlich lassen wir Aquarianer unsere Bekken nicht trockenfallen, während die Zuchtfische noch darin sind. Sie könnten also in unseren Aquarien länger leben. Es hat sich aber gezeigt, daß die Lebenserwartung dieser Saisonfische, wie man sie aufgrund ihrer Lebensweise auch nennt, trotzdem nicht über eineinhalb bis zwei Jahre hinausgeht.
Damit sind sie die Aquarienfische mit der kürzesten Lebenserwartung. Im Handel aber erscheinen diese Arten häufig schon in völlig ausgereiftem Zustand. Sie werden von Züchtern gebracht, die um ihre Arterhaltung bemüht sind und dafür gesorgt haben, daß der Laich der betreffenden Arten schon wieder im Boden liegt. Die Fische haben dann aber bereits mindestens ein Drittel ihres Lebens, oft schon mehr als die Hälfte, hinter sich. Sie sehen zwar noch prächtig aus, überleben aber nur noch wenige Monate. So ist unter Händlern und Liebhabern der Eindruck entstanden, daß Eierlegende Zahnkarpfen, vor allem die Saisonfische, schwer zu halten und zu pflegen seien. In vielen Zoohandlungen werden diese Arten deshalb auch niemals angeboten.
Nun gibt es nicht nur Saisonfische unter den Eierlegenden Zahnkarpfen, aber auch denen gegenüber bestehen Vorbehalte. Diese Arten nämlich sind außerordentlich geschickte Springer und werden nicht gehandelt, weil dem Händler hohe Verluste entstehen, da oft mehr Fische aus den Becken herausspringen als verkauft werden können.
Der Durchschnittsliebhaber sollte sich also mit den eingangs erwähnten Oberflächenfischen begnügen, während die Spezialisten, die diese Fischgruppe ganz besonders mögen, in vielen kleinen Aquarien jeweils eine Art für sich alleine pflegen und durch ständige Nachzucht auch erhalten können. Interessant sind diese Fische auf jeden Fall, und eine intensivere Beschäftigung mit ihnen lohnt sich allemal.

Welse im Gesellschaftsaquarium

Im Verlaufe der nunmehr über hundert Jahre andauernden aquaristischen Entwicklung hat es immer wieder bestimmte Familien gegeben, denen die Aquarianer besonderes Interesse geschenkt haben. Anfangs waren das die durch ihre Fortpflanzung auffälligen und einfach zu pflegenden Lebendgebärenden Zahnkarpfen, später standen für lange Zeit die Salmler im Mittelpunkt des Interesses, und seit mehreren Jahrzehnten sind Buntbarsche besonders beliebt. Demgegenüber spielten andere Familien durch eine geringe Anzahl von attraktiven Arten so lange Nebenrollen, bis neuentdeckte Arten die Liebhaber veranlaßten, sich besonders mit diesen Fischen zu beschäftigen. Dies geschah vor etwa dreißig Jahren mit den Buntbarschen, vor etwa zwanzig Jahren mit den neuen Regenbogenfischen, und gegenwärtig spricht alles dafür, daß neben Buntbarschen vor allem Welse die beliebtesten Aquarienfische der nächsten Jahre sein werden.

Natürlich gab es schon immer Welsliebhaber, aber die Artenzahl war beschränkt und Erfolge in der Nachzucht blieben gering. Lange Zeit war man auch der Auffassung, Welse gehörten vor allem als Resteverwerter in ein Aquarium, sie seien bedürfnislos und kämen mit den Brocken, die die anderen Fische übrig ließen, völlig zurecht. Tatsächlich überlebten sie so, leider häufig am Rande des Existenzminimums. Da zu dieser Zeit die Filtertechnik noch nicht so weit entwickelt war, verschmutzten die mit gründelnden Welsen besetzten Aquarien besonders schnell, und das veranlaßte viele Liebhaber, auf diese Fische zu verzichten. So war es auch nicht verwunderlich, daß nur drei oder vier Arten regelmäßig im Handel angeboten wurden, die anspruchslos waren und gezüchtet werden konnten. Auffällig war, daß bei den Züchtern die besten Nachzuchten gelangen, die ihre Schützlinge reichlich mit Tümpelfutter, Enchyträen und anderem Lebendfutter fütterten.

Heute kann man davon ausgehen, daß die Vorurteile gegenüber den Welsen überwunden sind und man sich bemüht, auch den ehemals zu „Müllschluckern" degradierten Fischen die ihnen zuträglichen Lebensbedingungen zu schaffen. Langsam begannen sich auch Liebhaber zu spezialisieren, so daß heute die Zahl der Welse pflegenden und züchtenden Aquarianer ständig wächst und in naher Zukunft die gewiß nicht kleine Zahl der spezialisierten Buntbarschfreunde erreicht haben wird. Das hätte vor zwanzig Jahren niemand vorausgesagt!

An einem Beispiel wird das ganz besonders deutlich. Waren früher vorwiegend Panzerwelse der Gattung *Corydoras* vermehrt worden, so gelangen nur sporadisch Zuchterfolge mit Harnischwelsen. Vor allem reizte aus dieser letzten Gruppe ein Vertreter der Gattung *Ancistrus* die Liebhaber, weil die Männchen durch ihren mit vielen Borsten besetzten Kopf einen recht urwüchsigen Anblick boten. Es kam hinzu, daß die importierten Fische gierig auch hartnäckige Algenbeläge verzehrten, so daß eine geglückte Nachzucht einen weiteren guten Algenbekämpfer ergeben hätte. Doch jahrelang trotzten die Fische den Zuchtversuchen und galten als in Aquarien nicht vermehrbar.

Wie aus heiterem Himmel gelang plötzlich an mehreren Stellen zugleich die Nachzucht, und es ist rückblickend nur schwer zu ermitteln, worin die Ursache für diese plötzlichen Erfolge lag. Unterhält man sich mit den damals erfolgreichen Züchtern, so begründet fast jeder seinen Erfolg anders: genügend alte und ausgereifte Tiere, Frischwassergaben nach wochenlang stagnierendem Wasser, pflanzliches Futter und viel Zellulose. Wie kam aber Zellulose in die Aquarien?

Seit Mitte der sechziger Jahre spielten gut bepflanzte Schauaquarien nach in Holland propagierten Gesichtspunkten eine zunehmende Rolle. In diesen dekorativen Aquarien wurde durch das Einsetzen bizarrer Wurzeln der Eindruck naturähnlicher Uferlandschaf-

ten hervorgerufen, und diese Moorkienwurzeln wurden bei den Aquarianern immer beliebter. Einer der Züchter stellte fest, daß die Ancistrus-Welse auch ständig mit ihren Zähnchen die Wurzeln abraspelten, so daß sie regelrecht aufgefressen wurden. Er hielt diese Ernährung für ausschlaggebend, weil seine Welse nur laichten, wenn sie ständig Gelegenheit hatten, Hölzer zu benagen.
Jedenfalls erwies sich, nachdem die Zucht erst einmal gelungen war, das Vermehren dieser Welse als geradezu leicht. Unter einer Wurzel, in einer Röhre, oft auch in Kokosnußschalen und sogar unter Blättern, die dicht am Boden lagen, laichten diese Welse jetzt auch im Gesellschaftsbecken ab, das Männchen bewachte den Eiballen bis zum Schlupf der schon recht großen Jungfische, die sich dann im Aquarium verteilten und von denen auch in dicht besetzten Gesellschaftsaquarien oft eine erhebliche Anzahl aufkam. Es ist heute Anfängern der Aquaristik, bei denen oft schon im ersten Jahr unbeabsichtigt junge *Ancistrus* aufwachsen, kaum verständlich zu machen, wie schwer sich frühere Aquarianer-Generationen mit diesen Fischen taten. Sie gehören inzwischen fast zur Standardeinrichtung jedes Gesellschaftsaquariums, weil man sich ihre Fähigkeit zur Algenvertilgung zunutze macht.
Weiterhin gilt aber das größte Interesse der Vielzahl von Angehörigen der Gattung *Corydoras,* den Panzerwelsen im engeren Sinne, die als Beifische in Salmler-Aquarien, in Skalar-Becken oder mit Lebendgebärenden Zahnkarpfen zusammen gehalten werden können, aber auch in eigens ihnen vorbehaltenen Aquarien gehalten und gezüchtet werden. Fast jedes Jahr werden neue Arten entdeckt, alle paar Monate wird über die gelungene Vermehrung bisher nicht gezüchteter Arten berichtet.
Auch von den Harnischwelsen, deren Vermehrung ebenfalls immer besser gelingt, gelangen ständig neue Arten in den Handel, viele davon haben sich in Aquarien noch nicht vermehrt, so daß sich gerade hier ein weites Betätigungsfeld anbietet.
Nun gibt es aber Welse nicht nur in Südamerika, woher die bisher erwähnten Arten stammen, sondern auch Afrika und Indien und das gesamte Südostasien beherbergen viele Arten, unter denen sich zahlreiche für die Aquarienhaltung geeignete Vertreter befinden. Dabei spielt nicht nur deren Größe eine Rolle, denn inzwischen hat sich das Interesse auch auf weit über dreißig Zentimeter lang werdende Exemplare ausgeweitet. Meist werden Arten bevorzugt, die keine Räuber und damit Fischfresser sind. Dennoch ist Vorsicht geboten, wenn eine neue Importsendung beim Fachhändler eingetroffen ist, weil die Namen dieser Fische nicht immer wissenschaftlich abgesichert sind und man böse hereinfallen kann, wenn sich das niedliche Jungtier nach wenigen Wochen als gefährlicher Räuber entpuppt. Leider werden nämlich auch sehr große Arten, die in ihrer Heimat als Speisefische dienen, im aquarientauglichen Maß von fünf bis acht Zentimetern Länge importiert, mit der Bezeichnung „spec." (also wissenschaftlich noch unbestimmt) versehen und verkauft. Auch klangvolle Handelsnamen veranlassen viele Liebhaber zum unkritischen Einkauf, und mitunter werden die Tiere wegen der erreichten Größe oder durch die räuberische Lebensweise zum Problem. Gerade weil auf diesem Gebiet noch viel Unsicherheit herrscht, aber nur wenige Personen über genügend Artenkenntnis verfügen, von denen man sich beraten lassen könnte, ist bei neuen Wels-Arten Vorsicht geboten.
Es ist also besser, zunächst einmal mit harmlosen Arten zu beginnen, wie sie mit den erwähnten Corydoras-Arten zur Verfügung stehen. Empfehlenswert sind generell alle im Handel vertretenen Arten, weil sie friedlich und innerhalb der Gruppe miteinander beschäftigt sind. Da sie eine vorwiegend dämmerungsaktive Lebensweise führen und tagsüber von den über ihnen lebenden Beifischen

das Futter weggefressen bekommen, ist eine Futtergabe unmittelbar vor dem Ausschalten des Lichtes angeraten. An ihrem Verhalten läßt sich leicht überprüfen, ob sie hinreichend ernährt werden. Ziehen sie ständig ruhelos über den Bodengrund, ohne längere Ruhepausen einzulegen, so erhalten sie zu wenig Futter. Wechseln sich dagegen Aktivitätsphasen mit ausgedehnten Ruhezeiten ab, so werden sie richtig ernährt.
Auch Panzerwelse reagieren auf Frischwassergaben durch gesteigerte Schwimmaktivität, aus der sich das Fortpflanzungsverhalten entwickeln kann. Spätestens wenn mehrere der schlanken Männchen ein deutlich dickeres Weibchen treiben, steht die Eiablage bevor. Bei der Paarung steht das Männchen quer vor dem Kopf des Weibchens und klemmt mit der dem Weibchen zugewandten Brustflosse dessen Barteln am Körper fest. Fast gleichzeitig gibt das Weibchen wenige Eier ab und fängt sie in einer mit den Bauchflossen gebildeten Tasche auf. Nachdem sich die Fische getrennt haben, schwimmt das Weibchen auf oder unter Blätter und klebt dort die Eier fest, es kann aber sein, daß sich selbst an den Aquarienscheiben Eier befinden. Es hängt nun von der Fütterung der Tiere ab, ob diese Eier verzehrt werden oder unbehelligt bleiben. Es sind auch schon junge Panzerwelse in Gesellschaftsaquarien aufgewachsen, wenn die Verhältnisse dies gestatteten.
Trotz der inzwischen erreichten Erfolge in der Hälterung und Zucht von Welsen, steht die Aquaristik erst am Anfang der Erschließung dieser formenreichen Fischgruppe. Dem Anfänger in der Aquaristik muß man aber raten, bei aller Attraktivität der angebotenen Neuheiten, in seinen Aquarien zunächst mit Arten zu beginnen, deren Lebensweise bekannt ist und die ihn in der Pflege nicht vor unüberwindbare Schwierigkeiten stellen. Im Aussehen und in der Verhaltensweise stehen die robusteren und häufigeren Arten den „Raritäten" in keiner Weise nach und Zuchterfolge stellen sich ohnehin schneller ein. Gerade Anfänger sollten dies berücksichtigen.

Labyrinthfische im Gesellschaftsaquarium

Vor allem wegen der außerordentlich farbenprächtigen Männchen sind Labyrinthfische eine willkommene Bereicherung für jedes Gesellschaftsaquarium. Wer jedoch einmal versucht hat, verschiedene Arten zugleich selbst in großen Aquarien miteinander zu vergesellschaften, wird bestätigen, daß dies nur durch die sachkundige Auswahl einzelner Arten möglich ist.
Neben ihren prächtigen Farben ermöglichen die Labyrinthfische auch interessante Beobachtungen bei Balzspielen, Schaumnestbau und Brutpflege. Solche Fische brauchen bekanntlich Reviere, die erst freigekämpft und dann verteidigt werden. Schon ein Paar der nicht einmal allzu großen Zwergfadenfische kann während der Laichvorbereitungen die Fische eines Gesellschaftsaquariums tyrannisieren, besonders das Männchen. Während der Nestbauphase vertreibt es wütend jeden Fisch aus seinem Revier, und das kann bei einem 80 Zentimeter langen Aquarium das gesamte Becken sein. Zwar läßt sich mit Hilfe einiger Pflanzenranken an der Wasseroberfläche eine gewisse Revierbeschränkung durchführen, da das Weibchen aber nach Fertigstellung des Nestes erst getrieben und dann gelockt wird und dabei durch das gesamte Aquarium flieht, nützt die erwähnte Revierbeschränkung nicht viel. Sind mehrere Paare der gleichen Art oder auch die Männchen verschiedener schaumnestbauender Arten gleichzeitig in Paarungsstimmung, sieht man außer den kämpfenden Männchen keine Beifische mehr. Da es unter den Fadenfischen auch Arten von über 10 cm Länge gibt, können selbst sehr große Aquarien zeitweilig von einem einzigen Männchen beherrscht werden.
Nach der Paarung bewachen die Männchen allein das Schaumnest und die im Verlauf der nächsten fünf Tage das Nest verlassenden Jungfische. Diese verteilen sich in Oberflächennähe und nehmen einen immer größe-

ren Raum ein, den das Männchen nun mit noch wütenderen Attacken auf andere Fische zu sichern versucht. Wer sich also von der Farbenpracht dieser Fische angezogen fühlt, sollte erst einmal mit einer Art Erfahrungen sammeln. Es wird sich zeigen, ob dieses eine Paar für das betreffende Gesellschaftsaquarium geeignet ist oder durch sein Verhalten bereits lästig wird.

Die kleineren Arten der Gattungen *Trichopsis, Betta* und *Pseudosphromenus* dagegen reagieren gerade umgekehrt. Sie verstecken sich, wenn es im Aquarium durch andere Fische zu lebhaft zugeht und sind so gut wie nie zu sehen. Dazu gehören auch die Kampffische, deren Männchen allerdings gegenüber Männchen der eigenen Art extrem aggressiv sind. Dennoch kann man Schäden an anderen Fischen begrenzen, wenn man zu einem Kampffisch-Männchen mehrere Weibchen setzt, so daß das Männchen ständig beschäftigt ist.

Weniger aggressiv, geradezu scheu, sind die wenigen Arten maulbrütender Labyrinthfische, unter denen auch Kampffischverwandte zu finden sind. Obgleich diese Fortpflanzungsweise viele Aquarianer unmittelbar nach der Einfuhr dieser Arten sehr interessierte, ist die Popularität ziemlich schnell wieder abgesunken, und im Handel werden solche Arten nur noch selten angeboten.

Insgesamt ist die Zahl der Labyrinthfische nicht sehr groß, und innerhalb der Aquaristik sind es zur Zeit eher Spezialisten, die sich für diese Gruppe interessieren. Das ist ein bißchen schade, weil die Labyrinthfische neben herrlichen Farben und Formen eine interessante Brutbiologie bieten, auch wenn das oft zu Lasten ausgeglichener Verhältnisse im Gesellschaftsaquarium geht.

Die meisten Labyrinthfische fühlen sich erst im oberen Temperaturbereich (25 °C und mehr) am wohlsten, denn in ihrer Heimat erwärmen sich die Gewässer, meist Reisfelder oder Gräben, ebenfalls sehr stark. Ihre Lebenserwartung liegt bei den kleineren Arten um zwei, bei den größeren um vier bis sechs Jahre.

Buntbarsche im Gesellschaftsaquarium

Während früher die Buntbarsch- oder Cichlidenpfleger eher zu den Randgruppen der Aquaristik gehörten, dominieren gegenwärtig die Buntbarsche nicht nur nach der Zahl der gepflegten Arten, sondern auch nach der Anzahl der Pfleger und Züchter. Dieser Trend begann, als aus den ostafrikanischen Seen eine Anzahl farbintensiver Maulbrüter importiert wurde und er hält unvermindert an, auch wenn sich die Gunst der Aquarianer zwischenzeitlich anderen Arten aus anderen Herkunftsgebieten zuwandte. Es ist wohl nicht übertrieben festzustellen, daß es zur Zeit ebenso viele Cichliden-Pfleger gibt, wie an anderen Arten interessierte Aquarianer insgesamt. Gründe für diese Bevorzugung findet man vor allem in der attraktiven Färbung der Fische und im gut zu beobachtenden Brutpflegeverhalten, das wohl bei keiner anderen Fischgruppe so ausgeprägt ist. Für viele Aquarianer ist auch entscheidend, daß zu den Cichliden einige recht groß werdende Arten gehören, die sich dem Beschauer förmlich anbieten und nicht erst gesucht werden müssen.

Schließlich, und das ist wohl eines der wichtigsten Argumente, sind Buntbarsche leicht zu ernähren, weil sie gefrostetes und industriell hergestelltes Futter ohne Probleme annehmen, prächtig damit gedeihen und auch ihre Jungfische auf dieser Basis großgezogen werden können. Der damit verbundene hohe Stoffumsatz und die daraus folgende Belastung des Wassers müssen durch leistungsstarke Filter und regelmäßige Teilwasserwechsel ausgeglichen werden.

Nun bestanden lange Zeit einige Vorurteile, die der Haltung von Cichliden entgegenstanden. Sie seien unverträglich und bissig, zerstörten den Pflanzenwuchs und wühlten die Aquarien total um, ihnen zugesellte Fische würden früher oder später gefressen – kurzum, sie seien nicht gesellschafts(becken)-fähig! Wir haben schon an anderer Stelle darauf hingewiesen, daß es weitgehend am Aquarianer liegt, ob er es versteht, das Aquarium den Fischen gemäß einzurichten und daß alle Fische ihre arteigenen Verhaltensweisen ausleben möchten. Auch die Buntbarsche bleiben nur eine Zeitlang friedliche Jungfische, raufen sich später förmlich zu Paaren zusammen und können dabei ungeeignete Aquarien regelrecht umbauen und ungeeignete Beifische verletzen. Dies den Fischen anzulasten wäre falsch. Es ist allein das Verschulden des Aquarianers, der sich nicht rechtzeitig informiert hat, mit welchen Eigenschaften seiner Fische er rechnen muß.

Zur Ehrenrettung der Buntbarsche muß aber betont werden, daß es nur wenige Vertreter gibt, die allen diesen Vorurteilen tatsächlich entsprechen. Unter der Vielzahl der derzeit erhältlichen Arten gibt es alle Variationen, von gemäßigter Rauflust bis zu absolut friedlichen Vertretern, die sogar von einem sein Revier sichernden Salmler- oder Barbenmännchen in die Pflanzen gescheucht werden. Man hat also stets die Möglichkeit, sich die für sein Aquarium geeigneten Arten herauszusuchen und andere zu meiden.

Übrigens ist die Unverträglichkeit verschiedener Buntbarsch-Arten untereinander viel gravierender als gegenüber anderen Fischen. Diese respektieren gewöhnlich ein sein Revier aufbauendes Paar und meiden dieses Gebiet. Andere Buntbarsche aber erheben oft Anspruch auf das gleiche Territorium, und das führt zu Auseinandersetzungen. Wer also mehrere Buntbarsch-Paare im gleichen Aquarium unterbringen will, muß große Aquarien anbieten, in deren Zentrum sich je nach Bedürfnis ein größerer Stein oder eine Höhle befindet. Natürlich wird das stärkste Paar zuerst seßhaft werden, für die anderen bleiben die restlichen Reviere, um die dann ebenfalls gestritten wird. Problematisch wird es nur dann, wenn eines der Paare Jungfische führt und dadurch eventuell gezwungen ist, die anderen Reviere freizukämpfen. Es ist nämlich nicht richtig, daß die Eltern die Jungfische führen. Auf der Nahrungssuche ziehen die Jungfische ohne Rücksicht auf irgendwelche Reviergrenzen durch das Aquarium und lösen damit ernste Konflikte aus. Mit solchen Problemen muß der Buntbarschpfleger also rechnen.

Fast alle Aquarienfische haben zeitweilig das Bedürfnis, auch pflanzliche Nahrung zu sich zu nehmen. Man merkt das, wenn man für ausgesprochene Pflanzenfresser einige wenige Haferflocken in das Aquarium gibt und erstaunt feststellt, daß fast alle Arten danach schnappen. So tut man sich und dem Pflanzenwuchs einen Gefallen, wenn man auch Buntbarschen gelegentlich pflanzliche Nahrung anbietet und damit den bestehenden Pflanzenwuchs schont. Meist aber werden Pflanzen nicht gefressen, sondern beim Anlegen von Gruben ausgegraben und zerbissen. Das geschieht aus dem Bedürfnis heraus, die Jungen nach dem Schlupf in selbst ausgewühlten Gruben unterzubringen und dort zu bewachen, bis sie die Schwimmfähigkeit erlangen. Da das fast eine Woche dauert, kann es vorkommen, daß eine Grube nicht reicht und die noch schwimmunfähigen Larven mehrmals umgebettet werden. Vorher wird natürlich eine neue Grube gewühlt, und es kann durchaus sein, daß dabei wiederum einige Pflanzen im Wege sind. All diese Handlungen der Buntbarsche sind nur auf ein Ziel ausgerichtet: die möglichst verlustarme Aufzucht der Brut.

Es hat nicht an Versuchen gefehlt, die inzwischen nahezu unübersehbare Fülle der Arten nach Kriterien zu gliedern, die der Aquarienpraxis gerecht werden. So ging man von der Größe der Fische aus, und hob die kleinen Arten als Zwergbuntbarsche von denen ab, deren Körperlänge über zehn oder zwölf Zentimeter liegt. Eine andere Einteilung orientiert sich an der Art der Brutpflege. So bezeichnet man Arten, die ihren Laich auf flächigen Substraten wie Steinen, Blättern oder auch auf den Seitenscheiben anheften, als Offenbrüter und andere, die an überhängenden Flächen oder in Höhlen laichen, als

Versteckbrüter. Die Übergänge sind fließend, denn viele Arten, denen keine Höhle zur Verfügung steht, setzen ihr Gelege dann relativ offen ab, während Offenbrüter den Schutz einer überhängenden Pflanze nutzen, wenn sich der bevorzugte Laichstein in deren unmittelbarer Nähe befindet.
Unstrittig ist die Maulbrutpflege eine der interessantesten Brutpflegemethoden, obgleich es auch hier gravierende Unterschiede geben kann. So gibt es Arten, die den Laich unmittelbar nach der Ablage ins Maul nehmen, andere setzen die Eier wie Offenbrüter ab und nehmen die Jungfische erst nach dem Schlupf ins Maul.
Immer kann man beobachten, daß die Fische auch Ausweichmöglichkeiten annehmen, wenn ihr idealer Anspruch nicht erfüllt wird. So laichten meine Kleinen Maulbrüter regelmäßig in Gruben ab, die das Männchen auf dem Boden im Sand anlegte, während es sich vor dem Weibchen präsentierte. Als ich zur Bekämpfung von Algen einige vorwiegend bodenbewohnende Beifische einsetzte, verließen die gleichen Maulbrüter den Bodenbereich und laichten auf breiten Blättern ab, deren Fläche eine leichte Mulde bildete. Nachdem die Algenfresser wieder abgefangen wurden, kehrten die Maulbrüter zum Boden zurück.
Auch das Aufzuchtverhalten der Eltern wird herangezogen, um die Buntbarsche in übersichtliche Gruppen einteilen zu können. Natürlich konnte hier nur berücksichtigt werden, was unter Aquarienbedingungen auch beobachtet werden konnte, und da führte die räumliche Enge des Aquariums doch zu einigen Fehlbeobachtungen. Bis auf die Maulbrüter-Weibchen, die ihre Brut tatsächlich in einer sogenannten Mutterfamilie aufziehen, sind sonst beide Eltern mit dem Bewachen der Jungfische beschäftigt. Überwiegend hält sich aber das Weibchen in unmittelbarer Nähe der Jungfische auf, während das Männchen die äußere Grenze des Reviers absichert. Kommt es an dieser Reviergrenze zu Konflikten, so schießt das Weibchen helfend hinzu, kehrt aber ebenso schnell wieder zu den Jungfischen zurück.
Bei Zwergbuntbarschen der Gattung *Apistogramma* entsteht in den Aquarien der Eindruck, daß die Weibchen allein für die Jungfische „verantwortlich“ sind und die Männchen sich nicht um die Brut kümmern. Zu dieser Schlußfolgerung kann man kommen, wenn man Zwergbuntbarsche in kleinen Aquarien hält. Beobachtet man aber das Verhalten einer größeren Anzahl der gleichen Art in einem geräumigen Aquarium, so besitzt meist das stärkste Männchen ein großes Revier, in dem sich mehrere Weibchen mit ihren Jungen aufhalten. Im Großrevier werden keine anderen Fische geduldet, weil das Männchen sie schon an der Reviergrenze abwehrt. Es zeigt sich also, daß die Aufgabe der Sicherung des Territoriums auch hier vom Männchen wahrgenommen wird. Kommt es zum Verlust eines Partners während der Brutpflege, so ist auch das andere Elterntier alleine in der Lage, die Brut aufzuziehen.
Auch hier muß noch einmal betont werden, daß Paare um so besser zueinander finden, je mehr Partner für die Auswahl zur Verfügung stehen. Das betrifft alle Buntbarsche außer Maulbrüter, die nur während der Laichablage eine kurzzeitige Bindung eingehen.
Nun gibt es einige Arten, die im Mittelpunkt des Interesses stehen und für die passende Beifische zu finden nicht immer einfach ist. Viele Aquarianer schwärmen z. B. von einem Becken, in dem sich eine Gruppe Skalare langsam schwimmend durch senkrecht aufstrebende Pflanzen bewegt. Um diesen Traum zu verwirklichen, richten sie ein Aquarium mit besonders hohem Wasserstand ein, bepflanzen es mit großen Amazonasschwertpflanzen und Riesenvallisnerien und wissen oft nicht, welche Fische die Skalare am wenigsten stören. Da sich Skalare weitgehend in der Mittelwasserzone aufhalten, bleiben die Oberfläche und der Raum über dem Bodengrund frei. Für den Bodengrund ist schnell

etwas gefunden: ein kleiner Trupp Panzerwelse oder auch mehrere Paare Zwergbuntbarsche. Schwieriger wird es, Fische für die Oberfläche zu finden. Skalare sind nämlich nicht so ruhig, wie viele sich das vorstellen. Jedes über ihnen herumhuschende Tier wird als Beute betrachtet und verfolgt, so daß von Guppys bald nur noch die Weibchen übrig bleiben und auch kleinere Salmlerarten nicht lange überleben. Setzt man aber größere Arten von Lebendgebärenden Zahnkarpfen oder Salmlern in den oberen Mittelwasserbereich, besteht immer die Gefahr, daß diese Fische an den verlängerten Flossenstrahlen der Skalare herumknabbern. Und um es auch an dieser Stelle noch einmal ausdrücklich zu sagen: Barben haben in Aquarien mit Skalaren nichts zu suchen! Auch wenn es geographisch nicht paßt, können eher einige Labyrinthfische mit Skalaren vergesellschaftet werden.

Übrigens ziehen lediglich junge, noch nicht geschlechtsreife und unverpaarte Skalare so ruhig durch das Aquarium, wie es mancher Wunschvorstellung entspricht. Mit dem Eintreten der Geschlechtsreife beginnen recht heftige und temperamentvoll geführte Kämpfe der Männchen, die man übrigens leicht von den Weibchen unterscheiden kann. Die Stirnlinie männlicher Tiere ist stets gebuckelt, während die der Weibchen fast gerade ist. Von etwa gleich alten Tieren sind die Männchen auch stets deutlich größer und spätestens in der Phase der Revierkämpfe auch erheblich aggressiver. Von diesem Zeitpunkt an ist es mit der Ruhe im Skalar-Aquarium vorbei, die einzelnen Paare verteidigen ihr Revier und verjagen unverpaarte Fische. Es ist dann besser, nur zwei Pärchen im Aquarium zu belassen und vor allem die unverpaarten Einzeltiere wegzugeben, weil es sonst einfach zuviel Unruhe gibt. Haben sich die Verhältnisse eingepegelt, so wird man Zeuge der beeindruckenden Brutpflege dieser Buntbarsche, vor allem, wenn die Jungfische nach dem Larvenstadium mit eher gestrecktem Körper langsam die Gestalt von Segelflossern annehmen und mit den Elterntieren durch das Aquarium ziehen. Diesen Anblick sollte man sich nicht entgehen lassen.

Die Zwergbuntbarsche wurden schon als Beifische für Salmler-Aquarien erwähnt. Unter Zwergbuntbarschen versteht man recht pauschal alle Arten, deren Männchen eine Länge von zehn bis zwölf Zentimetern nicht überschreiten, Weibchen bleiben mitunter gerade halb so groß. Im engeren Sinne sind es vor allem Angehörige der Gattung *Apistogramma,* aber es gibt auch kleinbleibende Arten anderer Gattungen, wie *Laetacara, Nannacara* und den herrlichen Schmetterlingsbuntbarsch *(Papiliochromis ramirezi),* der in seinem Verhalten der kleinste offenbrütende Großcichlide ist. Alle diese Arten verbinden die positiven Eigenschaften der Buntbarsche mit geringerem Raumanspruch, doch sollte man trotzdem nicht unter eine Aquarienlänge von 60 bis 80 Zentimeter gehen.

Hält man diese Arten aber für sich allein, so erlebt man nicht nur scheue und schreckhafte Tiere, sondern oft auch ein gestörtes Brutpflegeverhalten. Hier können Lebendgebärende Zahnkarpfen durch ihre bloße Anwesenheit das natürliche Brutpflegeverhalten geradezu herausfordern. Fehlen sie, so richtet sich die auf das Verjagen von Feindfischen notwendige Aggressivität häufig gegen den Partner, es kommt zu Streitigkeiten, und oft werden die eigenen Jungfische gefressen.

Zwergcichliden wühlen selten, sie vertiefen höchstens Hohlräume unter Steinplatten, doch richten sie dabei niemals Schäden an den Pflanzen an.

Früher war es einfach, sich für die Pflege von Maulbrütern zu entscheiden. Für das übliche Gesellschaftsbecken konnte man den Kleinen Maulbrüter *(Pseudocrenilabrus multicolor)* wählen, für größere Aquarien mit etwas wehrhafteren Fischen war der Schwarzkehl-Maulbrüter, *Astatotilapia burtoni,* geeignet. Beide Arten verscheuchten nur für die Zeit der Eiablage die anderen Fische, und nach dem Laichen herrschte wieder die alte Hierarchie. Unser Beispiel zeigt, daß die Kleinen Maulbrüter sogar andere Laichplätze aufsuchen, wenn sie am Boden gestört werden.

Mit der Erschließung einer großen Farben- und Formenfülle von Maulbrütern aus den afrikanischen Seen kam die Qual der Wahl, denn die vielen attraktiven Fische erwiesen sich nicht als geeignet für Gesellschaftsaquarien. Auch die kleineren Arten sind wesentlich aggressiver als andere Cichliden, und wegen einer andersgearteten Kampftechnik konnten sie nicht einmal in von anderen großen Cichliden bewohnten Aquarien zusätzlich gehalten werden. Zu ihren kämpferischen Auseinandersetzungen gehört nämlich ein rasantes Kreisschwimmen, das in den Kampfritualen der Süd- und Mittelamerikaner nicht vorkommt. Man ist also gezwungen, für die Malawi- und Tanganjika-Arten eigene Aquarien einzurichten. Diese Aquarien enthalten Steinaufbauten in mehreren Schichten, so daß sich viele nach oben gestaffelte Höhlen ergeben. Weiterhin sind große Sandflächen erforderlich, um einen gewissen Abstand zwischen den entstandenen Höhlensystemen zu schaffen.

Die Bepflanzung dieser Aquarien muß meist kärglich bleiben, weil nur derbblättrige Arten, zum Beispiel die Farne *Bolbitis* und *Microsorium* sowie Speerblätter der Gattung *Anubias,* dem eindrucksvollen Weidegebiß dieser weitgehend Pflanzen und Aufwuchs fressenden Arten widerstehen. Aber selbst diese Pflanzenarten werden zeitweilig bis auf die Strünke abgefressen. Füttert man daraufhin verstärkt mit pflanzlichem Material, erholt sich der Bewuchs wieder, bis irgendwann wieder alles abgeweidet wird. Mit Hilfe spezieller Futterrezepturen, die ständig einen hohen Anteil an Haferflocken, Grieß oder fein gehackten Brennesseln oder Spinat enthalten, werden Pasten zubereitet, die bei richtiger Mischung der Bestandteile dann auch einen Pflanzenwuchs zulassen, da die Pflanzenfresser dadurch abgelenkt werden.

Wer davon ausgeht, diese in ihren Auseinandersetzungen teilweise recht ruppigen Fische in Artenbecken und dort nur in wenigen Exemplaren halten zu können, erliegt einem Trugschluß. Gerade dann werden diese Maulbrüter besonders aggressiv. Je mehr Individuen aber in einem Aquarium gehalten werden und sich ständig begegnen, desto eher wird eine Gewöhnung an diese Besatzdichte erreicht, und es gibt höchstens dann Aggressionen, wenn ein Männchen die Laichbereitschaft eines Weibchens mit dem Freikämpfen eines vorübergehend genutzten Laichreviers beantwortet. Je dichter also solche Aquarien besetzt werden, desto besser kommen diese an sich doch recht aggressiven Fische miteinander aus.

So sehr diese neuen Maulbrüter durch ihre Farbenpracht bestechen, eine Maulbrutpflege wie bei den „alten" Maulbrütern ist bei ihnen leider nicht zu beobachten. Deren Weibchen nämlich nehmen die schwimmfähigen Jungfische noch fast zwei Wochen hindurch bei Gefahr und abends ins Maul und lassen sie auch regelmäßig wieder frei, bis das Maul einfach nicht mehr ausreicht, die herangewachsenen Jungfische noch unterzubringen. Die neuen Maulbrüter-Weibchen lassen nach einer Tragzeit von etwa drei Wochen die Jungfische frei, und die schießen sofort in die Steinspalten, verbergen sich dort und kehren nicht ins Maul der Mutter zurück. Doch offensichtlich bedauern nur wenige Aquarianer das Wegfallen der längeren Brutfürsorge. Sicherlich hat das auch etwas mit den für diese Fische gezahlten Preisen zu tun. Es kommt noch hinzu, daß nach drei Wochen maximal dreißig, oft aber noch viel weniger Jungfische hervorgebracht werden, die bereits etwa einen Zentimeter lang sind und dadurch leicht aufgezogen werden können. Die geringe Fortpflanzungsrate, die hohen Preise und noch ein weiterer Umstand haben die Züchter erfinderisch gemacht. Die Weibchen werden nämlich, sobald sie die Eier im Maul tragen, vorsichtig herausgeschöpft (beim Fangen mit dem Netz kann es passieren, daß die Eier oder die bereits geschlüpften Jungfische ausgespuckt werden) und in einem gesonderten Aquarium bis zum Freilassen der Jungfische gehalten. Da diese Weibchen während der Maulbrutpflege keine Nahrung aufnehmen – die Auffassungen sind aufgrund unterschiedlicher Erfahrungen darüber bis heute geteilt –, sind sie körperlich verständlicherweise nicht im Bestzustand, wenn sie wieder in das mit vielen Artgenossen besetzte Aquarium zurückkommen. Sie haben es dadurch auch sehr schwer, sich wieder einen Stammplatz in der dort herrschenden Hierarchie zu erkämpfen, und oft sind Weibchen-Verluste die Folge dieser Vorgehensweise.

So wurden Methoden ersonnen, den Weibchen die Eier oder bereits geschlüpfte Jungfische durch kurzzeitiges Herausfangen zu entnehmen und die Weibchen sofort wieder in die Gemeinschaft zurückzusetzen. Es gelang mit Hilfe ausgeklügelter Technik, Brutapparate mit wechselndem Durchströmungsrhythmus zu bauen (der dem zeitweiligen Durchkauen von Eiern und Jungfischen im Maul der Weibchen entspricht), und die Jungfische künstlich aufzuziehen. Erstens schont man dadurch die Weibchen, zweitens gewinnt man mehr Jungfische. Man verhindert dadurch, daß beunruhigte Weibchen die drei Wochen lang sorgsam gepflegten Eier oder Jungfische fressen, außerdem setzen die Weibchen nach der Entnahme ihres Kehlinhaltes schneller wieder Laich an als sonst.

Diese Methode wird heute stark kritisiert, weil man befürchtet, daß auf diese Art und Weise den Fischen der Brutpflegeinstinkt „weggezüchtet" werden könnte. Das hat sich als Unsinn herausgestellt, denn auch heute noch kann man nach vielen Generationen künstlich erbrüteter Fische immer noch die Maulbrutpflege auf die natürliche Weise beobachten. Allerdings gibt es immer Weibchen, die besser, und solche, die schlechter pflegen. Es ist aber falsch, wenn man befürchtet, einen über längere Zeitabschnitte entwickelten Brutpflegeinstinkt innerhalb weniger Generationen im Aquarium wegzüchten zu können.

Das trifft auch für das Brutpflegeverhalten der Offen- und Versteckbrüter zu. Auch hier wird manchmal behauptet, das Wegnehmen der Gelege und die künstliche Aufzucht der Fische habe dazu geführt, daß es von vielen Arten, zum Beispiel von Skalaren, keine brutpflegenden Paare mehr gäbe. Jeder Aquarianer, der sich beispielsweise zwanzig Jungfische kauft, sich daraus Paare finden läßt und deren Brutpflege beobachtet, kann leicht das Gegenteil feststellen. Dennoch bevorzugen die meisten Aquarianer die natürliche Methode, da sie ungleich interessanter ist, zumal der normale Aquarianer in der Regel nicht auf möglichst zahlreiche Nachkommen züchtet.

Maulbrutpflege ist nicht auf afrikanische Fische beschränkt. Es gibt auch eine Reihe südamerikanischer Buntbarsch-Gattungen, die sowohl den Laich als auch frisch geschlüpfte Larven ins Maul nehmen und dort bis zum Erreichen der Schwimmfähigkeit tragen. Während bei den afrikanischen Maulbrütern weitgehend die Weibchen die Maulbrutpflege ausüben, können es bei den südamerikanischen Arten beide Eltern sein, so daß die Jungfische von Zeit zu Zeit übergeben werden. Das ermöglicht natürlich weitere interessante Beobachtungen!

Unter den afrikanischen Arten erfreut sich in den letzten Jahren ganz besonders eine Gruppe kleinbleibender Buntbarsche großer Beliebtheit, weil sie eine ausgefallene Form des Versteckbrütens betreiben. Sie nutzen die in ihrer Heimat häufig vorkommenden leeren Schneckengehäuse zur Aufzucht ihrer Jungen aus und werden deshalb als „Schneckenbarsche" bezeichnet.

Sie können in kleinen Aquarien gepflegt werden, setzen sich aber auch in der Bodenzone größerer Aquarien selbst bei Anwesenheit großer Buntbarsche gut durch, weil sie bei jeder Gelegenheit blitzschnell in ihren

Schneckenhäusern Schutz suchen können. Da man ihnen in den seltensten Fällen Gehäuse von Schnecken ihrer Heimatgebiete zur Verfügung stellen kann, werden üblicherweise Apfelschnecken- oder Weinbergschneckenhäuser verwendet. Es ist besser, mehr Schneckenhäuser anzubieten als Schneckenbarsche vorhanden sind, da diese Mini-Höhlen nicht immer von Paaren bewohnt werden, sondern jedes Tier seine eigene Unterkunft braucht. Die Beobachtungen über das Zusammenleben dieser erst in jüngster Zeit verstärkt eingeführten Arten sind noch im Gange und ermöglichen dem Aquarianer das Entdecken neuer Zusammenhänge und das Schließen von Kenntnislükken.

Noch auf eine Gruppe interessanter Buntbarsche soll hier eingegangen werden; auf Arten, deren Brutpflege dazu geführt hat, sie „Etagenbrüter" zu nennen. Sie stammen aus dem Tanganjika-See in Ostafrika und haben die Eigenschaft, fast ununterbrochen für Nachkommenschaft zu sorgen, die dann in verschiedenen Größenstaffeln zunehmend das Aquarium in allen Bereichen bewohnen.

So erfreulich diese Tatsache für den Züchter ist, dem Liebhaber können sie im Laufe der Jahre sein Gesellschaftsaquarium völlig verleiden, weil der Lebensraum für andere Arten immer mehr eingeschränkt wird. Einige Arten können dann so bösartig werden, daß auch die letzten Beifische den hartnäckigen Attacken erliegen. Dazu gehören alle Arten, die in den Verwandtschaftskreis von *Neolamprolagus* spec., der „Prinzessin von Burundi", gehören. Wenn sich unter den Jungfischen, die man wegen ihrer eleganten Schwimmweise und ihrer harmonischen Körper- und Flossengestalt gekauft hat, das erste Paar gebildet hat, dauert es nicht lange, und die ersten Jungfische werden im Bereich einer Wurzel oder einer Steingruppe entdeckt. Trotz ihrer geringen Größe und ohne daß zusätzlich Kleinfutter gereicht wird, wachsen sie heran. Bald sieht man weitere Jungfische, und zunehmend erweitert sich das zuerst recht kleine Revier. Eigentümlich ist für diese Arten, daß bereits halbwüchsige Jungfische Attacken zur Revierverteidigung gegen die Beifische unternehmen, lange ehe sie geschlechtsreif werden. Durch regelmäßiges Abfangen der größten Jungfische könnte man zwar den Bestand kurzhalten und damit kontrollieren. Um jedoch erfolgreich abfischen zu können, müßte man sämtliche Steine, Wurzeln, einen Großteil der Pflanzen und alle technischen Geräte entfernen, weil man diese flinken Fische sonst einfach nicht ins Netz bekommt. Und selbst wenn man glaubt, einen beträchtlichen Teil gefangen zu haben, ist man immer wieder erstaunt, wie viele dennoch übrig sind.

Eine ähnliche Lebensweise haben auch die Schlankcichliden der Gattung *Julidochromis.* Da sie mehr zwischen den Steinen leben und nur die größeren Arten den Mitbewohnern gegenüber aggressiv werden, wird ein Gesellschaftsaquarium von diesen Arten nicht so schnell erobert.

Eine gewisse Sonderstellung nimmt der Indische Buntbarsch, *Etroplus maculatus,* nicht nur wegen seiner geographischen Herkunft ein. Er ist auch der friedlichste Cichlide, den man sich für ein Gesellschaftsaquarium nur denken kann. Sein Revieranspruch ist klein, er wühlt so gut wie nie, und auch die Pflanzen bleiben verschont. Dennoch sieht man diese Art selten in den Liebhaberaquarien. Jungfische des Indischen Buntbarsches kommen meist zu klein in den Handel und zeigen auf grauer Grundfarbe einige schwärzliche Flekken im hinteren Körperabschnitt, vielleicht auch gelbliche oder orange Töne in der Afterflosse. Niemand ahnt, wie farbenprächtig die Männchen dieser Art später einmal werden können, und man geht achtlos an den Jungfischen vorbei. Nicht einmal während der Brutpflege sind die Mitbewohner Aggressionen ausgesetzt, weil diese Fische ein Signalsystem besitzen, auf das die Jungfische reagieren. Während sonst Jungfischschwärme unaufhaltsam ein Aquarium durchschwimmen und die Elterntiere beschäftigt sind, potentielle Feinde zu verjagen, können die Indischen Buntbarsche sich mit ihren Jungfischen durch Signale mit den während der Brutzeit tiefschwarzen Bauch- und Afterflossen verständigen. Sobald Gefahr droht, klappen sie diese schwarzen Flossen in schneller Folge zusammen, die Jungfische sammeln sich um die Elterntiere und sind damit in Sicherheit. Das benötigte Territorium bleibt dadurch relativ klein.

Damit ist die Vielfalt der interessanten Verhaltensweisen von Buntbarschen bei weitem nicht vollständig dargestellt. Cichliden haben sich alle Lebensräume in den ausgedehnten Wassersystemen vor allem Afrikas sowie Süd- und Mittelamerikas erobert und damit die verschiedensten Fortpflanzungsweisen entwickelt. Man kann es gut verstehen, wenn es viele Aquarianer reizt, die verschiedenen Formen der Brutfürsorge in ihren Aquarien zu beobachten. So ist ein Ende der Begeisterung für Buntbarsche nicht abzusehen, zumal ständig neue Arten zu uns gelangen und gepflegt werden. Aber auch die Erhaltung vieler bekannter Arten haben sich die Aquarianer zur Aufgabe gemacht, weil durch die Gefährdung der Lebensräume viele Arten bedroht sind. Die artgerechte Haltung und die fachmännische Zucht solcher Arten ist eine wichtige und lohnende Aufgabe für uns Aquarianer.

Aquarien für Regenbogenfische

Lange Jahre hindurch waren in der Aquaristik nur wenige Arten von Regenbogenfischen bekannt, bis vor etwa zwei Jahrzehnten ein regelrechter „Boom" ausbrach, da neue Arten und Lokalformen dieser in Australien und Neuguinea beheimateten Familie gefunden und importiert wurden. Auch heute noch werden Regenbogenfische sowohl in eigens für sie eingerichteten großen Aquarien als auch als Schwarm für den Mittelwasser- und Oberflächenbereich von Gesellschaftsaquarien gepflegt. Streng genommen passen sie natürlich nicht zu Barben und Salmlern, Buntbarschen oder Welsen, praktisch aber hat sich gezeigt, daß sie ideal vergesellschaftet werden können, weil sie den Lebensraum anderer Arten in keiner Weise einschränken. Sie sind auch schnell genug, zeitweilig aggressiveren Arten auszuweichen und sich einige Zeit in den Pflanzen aufzuhalten, wenn ein brutpflegendes Buntbarsch- oder Labyrinthfisch-Pärchen seine Aufgaben ernst nimmt. Dennoch kann man sich nicht uneingeschränkt für Aquarien aussprechen, in denen ausschließlich Regenbogenfische verschiedener Art gehalten werden. Alle Arten sind Dauerlaicher, das heißt, über mehrere Wochen hinweg werden täglich Eier abgelegt, und einige Jungfische überleben immer.

Auch bei Regenbogenfischen ist die Artabgrenzung noch nicht sehr gefestigt, so daß Kreuzungen selbst zwischen scheinbar verwandtschaftlich weit entfernten Gattungen möglich sind. Das Zusammenhalten mehrerer Arten hat dann unweigerlich zur Folge, daß unter den heranwachsenden Jungfischen auch Bastarde sind, die aber zunächst nicht erkannt werden. Junge Regenbogenfische wachsen in den ersten Monaten relativ langsam. Sie sind fast ein Jahr hindurch grau und unansehnlich, ehe sie geschlechtsreif werden und erste Farbansätze zeigen. Man muß schon sehr genau hinsehen, wenn man vorher eine Hybridisierung erkennen will. Sind sie aber erst einmal ausgefärbt und geschlechtsreif, ist es zu spät. Dann haben sie möglicherweise bereits Paarungen vollzogen und eventuell Bastarde erzeugt.

Man sollte dieses Problem nicht unterschätzen, weil manche Liebhaber gelegentlich auch Fische an befreundete Händler liefern und dadurch gerade bei Regenbogenfischen zur Zeit schon ein beträchtliches Durcheinander erreicht ist. Es spricht vieles dafür, daß manche „Arten" schon durch Unkenntnis in Züchtereien vermischt wurden, zumal die Weibchen der einzelnen Arten schwer von-

einander unterschieden werden können. Wahrscheinlich ist manche Neuheit schon bastardiert mit einem eigenen, falschen Artnamen zu uns gekommen.
Als Beifisch jedoch, aber nur jeweils eine Art, ist ein Trupp Regenbogenfische geradezu ideal. Man kann dann auch jederzeit Jungfische guten Gewissens unter dem betreffenden Artnamen weitergeben, vorausgesetzt, man ist nicht schon selbst auf Bastarde hereingefallen.
Die Aktivität der Regenbogenfische ist normalerweise in den Morgenstunden am größten und kann in den Abendstunden einen weiteren Höhepunkt erreichen. Während dieser Zeit sind die Männchen beim Streit um die Reviere untereinander unverträglich, andere Fische bleiben aber unbehelligt und meiden diesen Bereich ohnehin, denn Regenbogenfische sind sehr lebhafte und schnelle Schwimmer.
Die Laichabgabe erfolgt meist in unmittelbarer Nähe feinfiedriger Pflanzen oder über Javamoos-Büscheln. Damit ist es auch möglich, solche Pflanzen, an denen die Eier mit kleinen Fädchen befestigt sind, aus dem Aquarium herauszunehmen und in einem gesonderten Becken den Schlupf der Jungen abzuwarten. Obgleich die Schlupfzeiten variieren, ist nach zwei Wochen auch der letzte Jungfisch an der Oberfläche zu sehen.
Regenbogenfische werden „steinalt“. Besonders die größeren Arten erreichen ein Lebensalter von mehr als zehn Jahren, sie verändern dann allerdings ihr Aussehen erheblich und unterscheiden sich dadurch deutlich von jüngeren Tieren. Die Rückenlinie der Männchen buckelt zunehmend auf, und es entwickelt sich ein charakteristischer Kopfknick im Nackenbereich. Aus dieser Gestaltveränderung rühren viele Unsicherheiten beim Bestimmen der Arten her, weil die wissenschaftlichen Beschreibungen nicht immer von Tieren gleichen Alters ausgingen, manche Arten also nach Jungfischen, andere nach erwachsenen Tieren beschrieben wurden und die Veränderung der Körperproportionen der Altfische zum Zeitpunkt der Entdeckung noch nicht bekannt war.

Halbschnäbler im Gesellschaftsaquarium

Von diesen eigentümlichen Fischen sind nur wenige Arten bekannt und in die Aquaristik eingeführt, so daß Halbschnäbler immer nur als Oberflächen-Beifische gehalten werden. Ihre Pflege ist unkompliziert, und die Tatsache, daß auch sie lebende Junge hervorbringen, ließe eigentlich erwarten, daß es auch bei der Zucht keine Probleme gibt. Dennoch gibt es einige.
Wer gewöhnt ist, von Guppys, Mollys, Schwertträgern oder anderen Lebendgebärenden Zahnkarpfen im Abstand von vier Wochen ohne Mühe Scharen von Jungfischen zu erhalten, muß bei Halbschnäblern erleben, daß zwar Junge geboren werden und diese Jungfische auch erstaunlich groß sind. Sie erscheinen aber wie Frühgeburten, erreichen die Schwimmfähigkeit nicht und verenden bald. Der Eindruck einer Frühgeburt wird vor allem durch einen riesigen Dottersack vermittelt, und tatsächlich werden solche Tiere zwar zum richtigen Zeitpunkt geboren, haben aber eigentlich die Lebensreife noch nicht erreicht.
Die Ursache sind Ernährungsmängel. In ihrer Heimat leben diese Oberflächenfische vorwiegend von Insekten oder deren Larven. Darin sind offenbar alle Nährstoffe enthalten, die der mütterliche Organismus zum Aufbau dotterreicher Eier benötigt und die zum Aufbau eines gesunden und lebensfähigen Jungfisches erforderlich sind. Offenbar enthält das handelsübliche Futter, mit dem die Mehrzahl unserer Aquarienfische problemlos ernährt werden kann, diese erforderlichen Komponenten nicht oder nicht ausreichend. Was wurde nicht alles versucht! Fliegenzuchten zur Verstärkung des Insektenanteils in der Nahrung, Labyrinthfischbrut (weil sie in den ersten Tagen nicht durch eine Schwimmblase, sondern durch eine Ölsansammlung unter

der Oberfläche gehalten wird), und als man durch Vitaminbeigaben zum üblichen Fischfutter ebenfalls eine Verbesserung des Prozentsatzes lebensfähiger Jungfische erzielt hatte, glaubte man, daß fehlende Vitamine zu dieser Erscheinung führten. Erst eine weitere Überlegung brachte des Rätsels Lösung: Die verwendeten Vitamine wurden durch ölige Lösungen dem Futter beigegeben. Da mehrere völlig unterschiedliche Vitamine im gleichen öligen Lösungsmittel aber denselben Effekt bewirkten, konnten nicht die Vitamine, sondern mußte das ölige Lösungsmittel selbst die Komponenten enthalten, die den Jungfischen fehlten. Es handelte sich durchweg um pflanzliche Öle mit einem hohen Anteil an ungesättigten Fettsäuren. So war das Problem der Halbschnäbler-Zucht gelöst. Heute beschäftigt sich allerdings kaum noch ein Liebhaber mit der Zucht dieser Fische.
Damit ist ihre Rolle als Oberflächen-Beifisch heute relativ unbedeutend. Die Männchen sind untereinander sehr streitlustig, anderen Arten aber geschieht nichts, und so können sie auch mit kleinsten Bärblingen vergesellschaftet werden.
Hält man sie in Aquarien für sich, lösen sie sich durchaus auch von der Oberfläche und sind selbst in Bodennähe zu finden. Sobald sie aber mit anderen Fischen gemeinsam gehalten werden, nehmen sie sofort ihre Oberflächen-Position wieder ein. Ihre Lebenserwartung liegt bei etwa zwei bis drei Jahren, nur selten erreichen große Weibchen das vierte oder fünfte Lebensjahr.

Barschähnliche Arten im Gesellschaftsaquarium

Die verschiedenen Fischfamilien sind in sehr unterschiedlicher Artenzahl in der Aquaristik vertreten. Während es von den Buntbarschen, Salmlern oder Barben Hunderte von Arten in für die Haltung geeigneter Größe gibt, sind es aus anderen Familien oft nur wenige Vertreter, wie z. B. bei den Halbschnäblern oder den Labyrinthfischen. Hier sollen nur zwei Arten erwähnt werden, weil sie seit langem zur Aquaristik gehören und gelegentlich auch noch angeboten werden, obwohl der Kreis der Liebhaber dieser Arten ständig im Abnehmen begriffen ist. Das hat allerdings keine modischen Gründe, sondern betrifft den Aufwand, der für Haltung und Zucht dieser früher populären Arten erforderlich ist und die Möglichkeiten der meisten Liebhaber übersteigt.
Barsche sind prinzipiell Räuber, doch sind die Raubfischeigenschaften unterschiedlich stark ausgeprägt. Bei manchen Arten geht das so weit, daß ausschließlich lebende Beutetiere angenommen werden, und es ist bislang nicht gelungen, sie an Ersatzfutter zu gewöhnen. Das betrifft vor allem den Glasbarsch, der durch Form und Färbung eigentlich ein sehr ansprechender Aquarienfisch ist, heute aber kaum noch gehalten werden kann. Ohne die ständige Bereitstellung von Lebendfutter ist es illusorisch, Glasbarsche auch nur einen Monat lang halten zu wollen, und oft wirken schon die im Handel angebotenen Jungfische nach wenigen Tagen abgemagert und unansehnlich. Der Glasbarsch hatte seine größte Verbreitung in der Aquaristik zu einer Zeit, als Dorftümpel zur Gewinnung von Lebendfutter noch reichlich vorhanden und jedermann zugänglich waren. Es lag dann an der Einsatzbereitschaft des Liebhabers, regelmäßig Futter zu beschaffen. Das Verschwinden vieler Feuchträume und Kleintümpel sowie der zunehmende Schutz noch bestehender Kleingewässer macht es heute der Mehrzahl der Aquarianer unmöglich, das früher übliche „Tümpelfutter“ selbst zu fangen.
Eine Ersatzlösung stellen Salinenkrebse *(Artemia salina)* dar, deren Eier in jedem Fachgeschäft erworben werden können. Sie werden in einer Salzlösung bei etwa 28 °C und kräftiger Durchlüftung zum Schlupf gebracht und können für Glasbarsche zur Fütterung halbwüchsiger und erwachsener Tiere durchaus eingesetzt werden. Diese Ernährung ist aber auf Dauer zu einseitig.

Glasbarsche bringen zwar Unmassen von Eiern hervor, aus denen ebenso viele Jungfische schlüpfen, diese aber sind winzig und benötigen in der ersten Woche die kleinsten Larvenstadien unserer einheimischen Kleinkrebschen. In den meisten Gewässern treten diese Larvenstadien (Nauplien) saisonbedingt und damit nicht ganzjährig auf, so daß die Aufzucht der Brut selbst beim Zugang zu Tümpeln nur auf einige Monate im Jahr beschränkt bleibt. So werden Glasbarsche immer seltener gezüchtet, so bedauerlich dies auch ist. Die ausschließliche Haltung im Ausland gezüchteter und zu uns importierter Glasbarsche kann diesen Trend höchstens verzögern. So verschwindet ein ehemals populärer Aquarienfisch mit Sicherheit im nächsten Jahrzehnt, weil die heutige Form der Aquarienpflege Futterspezialisten keine Chance mehr einräumt.

Im Prinzip trifft das für den Glasbarsch Gesagte auch für Blaubarsche zu. Diese vorwiegend am Boden lebenden und Höhlen bewohnenden Fische wurden früher zu den Nanderbarschen gezählt, neuerdings aber in die nähere Verwandtschaft der Labyrinthfische gestellt. Die wesentlich größer als die Weibchen werdenden Männchen färben sich nach dem Erreichen der Geschlechtsreife tief tintenblau ein und leben standorttreu in Höhlen, die man in Form von verkleideten Blumentöpfen oder umgedrehten Kokosnußschalenhälften in die Nähe von beschatteten Wasserpflanzen stellt. Die graubraunen Weibchen versuchen bei Laichwilligkeit, in die Höhle einzudringen, werden aber vom Männchen immer wieder zurückgejagt und erst nach vielen Versuchen eingelassen. Die Paarung ist schwer zu beobachten, weil sie sich in der Höhle vollzieht. Dennoch kann man mit einem Trick an diesem Geschehen teilhaben. Die betreffende Höhle wird durch einen seitlichen Schnitt mit einer großen Öffnung versehen und zwar so, daß sie möglichst fugenlos an eine Seitenscheibe paßt. Dann verdeckt man die betreffende Stelle mit einem Stück Pappe, um das Männchen einzugewöhnen. Sobald man vermutet, daß die Tiere laichen, löst man die Pappe vorsichtig ab und kann nun die Paarung verfolgen. Auf ähnliche Weise kamen auch die bisher veröffentlichten Paarungsfotos zustande.

Nach dem Absetzen der Eier wird das Weibchen aus der Höhle verjagt, und das Männchen fächelt dem Gelege ständig frisches Wasser zu. Die recht kleinen Jungfische verlassen nach etwa einer Woche die Höhle und sind für den Aquarianer „plötzlich verschwunden". Sie verbergen sich aber in gröberem Kies am Boden, und wenn auch viele den Beifischen zum Opfer fallen, so ist es doch immer wieder erstaunlich, daß einige dieser winzigen Fischchen geschickt genug sind und selbst ohne Zufütterung von Kleinfutter überleben.

Die Fütterung der Blaubarsche ist unproblematischer als die der Glasbarsche. Ursprünglich waren sie reine Lebendfutterfresser und mit keinem Trockenfutter zur Nahrungsaufnahme zu bewegen. Sie fressen aber gefrostetes Futter, das heute zum ständigen Angebot jeder Fachhandlung gehört. Das Problem besteht jedoch darin, daß diese Bodenbewohner sich nicht unter die hastig nach Futter schnappenden Beifische mischen und deshalb einfach zu wenig abbekommen. Werden sie mit wenigen Oberflächenfischen und ruhigen Mittelwasser-Arten vergesellschaftet, kann man durch geschicktes Dosieren und Ablenken der Futterkonkurrenz in andere Aquarienbereiche etwas Futter vor die Höhlen fallen lassen und hoffen, daß das betreffende Blaubarsch-Männchen schnell genug zugreift. Die versteckt lebenden Weibchen aber haben es immer schwer, genügend Futter zu bekommen. So ist die Haltung von Blaubarschen auch ohne Lebendfutter zwar möglich, die Vergesellschaftung mit schnell schwimmenden Arten aber nicht problemlos. Das betrifft auch die durch rote Punkte und weiße Flossensäume gekennzeichnete Unterart aus Burma, die in jüngster Zeit als Neuheit zunächst größere Bedeutung fand. Wegen derselben Probleme mit der Vergesellschaftung ist das Interesse aber schnell wieder zurückgegangen.

Grundeln im Gesellschaftsaquarium

Schon im Kapitel über die Welse wurde darauf hingewiesen, daß diese Fische nach jahrelangem Schattendasein heute für viele Aquarianer überraschend eine Popularität gewonnen haben, die vor Jahren noch undenkbar schien. Ob auch die Zeit der Grundeln noch kommt? Zu wünschen wäre es diesen interessanten und hübschen Fischen.

Vor etlichen Jahren wurden einige Grundel-Arten, neben eher schmucklosen, grauen Tieren auch farbenprächtige und mit einer auffälligen, attraktiven ersten Rückenflosse ausgestattete, eingeführt, die jedoch, weil die Zucht nicht gelang, bald auch wieder verschwanden. Es ist tatsächlich schwierig, ohne Kenntnis der Lebensräume Grundeln im Aquarium jene Bedingungen zu bieten, die die Voraussetzungen für gute Entwicklung, das Erreichen der Geschlechtsreife, das Laichen und die Aufzucht der Jungfische bieten. Die Lebensräume, in denen Grundeln leben, reichen vom Meer über Brackwasser mit schwankendem Salzgehalt bis zu reinem Süßwasser. Der Lebenszyklus mancher Art kann im Süßwasser beginnen, das Heranwachsen der Tiere bis zur Geschlechtsreife in Brackwasser erfolgen, bis schließlich Laichorte in den Flußmündungen aufgesucht werden und die Jungfische wieder ins Meer zurück wandern. Das alles im Aquarium nachzuahmen, ist praktisch unmöglich. Glücklicherweise aber sind manche Grundeln so anpassungsfähig, daß ihnen bei vorsichtiger Eingewöhnung das Leben im Süß-, Meer- oder Brackwasser möglich ist.

Trotz dieser Eigenschaften ist es erstaunlich, daß selbst Arten, bei denen nach intensiven Bemühungen die Zucht gelang, nach einiger Zeit wieder aus den Zoohandlungen verschwanden.

So sind jahrelang mehrere Arten Goldringelgrundeln der Gattung *Brachygobius* importiert worden, ohne daß es gelang, Jungfische aufzuziehen. Eiablagen und geschlüpfte Jungfische waren dagegen nicht selten. Offenbar fehlte es an geeignetem Futter, um die anfangs recht hinfälligen Jungfische über die ersten Wochen zu bringen. Schließlich fand man das richtige Aufzuchtfutter, und die Nachzuchten gelangen so reichlich, daß diese niedlichen Grundeln zum ständigen Angebot hätten gehören können. Dennoch erlosch das Interesse der Liebhaber, und es wurden weder in Aquarien gezüchtete noch die weiterhin importierten Fische gekauft. Da die Händler solche Arten nicht wieder bestellen und auch die Züchter sich ihrer nicht mehr annehmen, verschwinden sie ziemlich schlagartig, und erst Jahre später versuchen sich andere Liebhaber erneut mit wieder zur Probe importierten Exemplaren.

Nun kann man noch verstehen, wenn das zwar farbenprächtige, aber räuberische Tiere betrifft, wie z.B. die Tüpfelgrundel *Mogurnda mogurnda*. Unter diesem Namen war eine früher recht populäre Art eine Zeitlang verbreitet und wurde als Beifisch in Buntbarsch-Aquarien gehalten. Die Zucht gelang leicht, und es kam zu einem regelrechten Überangebot, so daß der sinkende Preis zur Zuchtaufgabe seitens der Liebhaber und Züchter führte. Bei den heute unter diesem Namen angebotenenen Grundeln steht nicht mit Sicherheit fest, ob es sich um zwei Lokalformen der gleichen Art oder um unterschiedliche Arten handelt.

Völlig unverständlich aber ist das Verschwinden der noch vor wenigen Jahren sehr populären Pastellgrundel, *Tateurndina ocellicauda*. Allgemein gelten Fische mit blauen und roten Farben als aquaristische Bestseller, und vieles sprach dafür, daß mit der Pastellgrundel nun endlich auch eine Grundelart zu den beliebtesten Aquarienfischen gehören würde. Doch hielt die Euphorie nur etwa drei Jahre an, dann erschienen keine Jungtiere mehr im

Handel, sondern nur noch fast ausgewachsene Exemplare, ein Zeichen, daß die Jungfische beim Züchter lange gehältert worden waren, weil sie nicht verkauft werden konnten. Schließlich gaben die Züchter sogar ihre Zuchtpaare weg, weil die Jungfische im Handel nicht mehr absetzbar waren. Wer diese Grundeln einmal gehalten hat und daher weiß, wie gut sie im Gesellschaftsaquarium frei gebliebene Nischen nutzten, nie andere Fische bedrohten und mit ihrer Farbigkeit eine Bereicherung der Aquarien darstellten, kann diese Entwicklung nicht verstehen.

Mit den neuen Regenbogenfisch-Arten richtete sich das Interesse der Aquarianer auch auf andere Süßwasserfische Australiens. So kamen die Wüstengrundeln und Kärpflingsgrundeln verschiedener Arten nach Europa, aber auch diese hübschen Tiere fesselten die Liebhaber nur kurze Zeit und sind heute kaum noch erhältlich. Einige Spezialisten arbeiten hartnäckig weiter und erschließen durch Erforschung der Biologie Jahr für Jahr weitere Grundel-Arten für die Aquaristik. Trotz interessanter Artikel in Fachzeitschriften ist es auch ihnen nicht gelungen, einen Interessentenkreis für diese Fische aufzubauen. Vielleicht ist es aber nur eine Frage der Zeit, bis auch diese Fische in der Gunst der Aquarianer wieder höher stehen und häufiger gehalten werden.

Gesunde Fische

Das Eingewöhnen neugekaufter Fische

Beim Kauf, Transport und Einsetzen ins eigene Aquarium müssen ein paar grundsätzliche Regeln eingehalten werden, um Schäden an den Fischen zu vermeiden. Beim Erstbesatz eines frisch eingerichteten Aquariums, das mindestens ein oder zwei Wochen, besser noch länger ohne Fische stehen sollte, gibt es kaum Schwierigkeiten. Die im Beutel transportierten Fische werden etwa eine Viertelstunde eingehängt, um eine Temperaturangleichung zu ermöglichen, und dann vorsichtig mit dem Wasser eingegossen. Ganz Vorsichtige gießen erst etwa die Hälfte des Beutelwassers weg und füllen mit Wasser aus dem Aquarium auf, um so eine bessere Gewöhnung an die unterschiedliche Wasserqualität zu erreichen.

Auf dem Transport haben die Fische ihre Färbung völlig verloren. Blaß und verstört fliehen sie zunächst ins Pflanzendickicht und verstecken sich dort. Es hat nun wirklich keinen Sinn, sich vor das Aquarium zu setzen und vielleicht sogar mit Futtergaben das Hervorkommen der Tiere beschleunigen zu wollen. Fische fressen nur, wenn sie eingewöhnt sind, und sie gewöhnen sich schneller ein, wenn sie hungrig sind. Auch wenn es schwerfällt, jetzt ist Geduld notwendig, denn in der ersten Stunde wird ohnehin nichts geschehen.

Legen Sie gleich nach dem Einsetzen der Tiere die Deckscheibe auf und bringen Sie den Beleuchtungskasten wieder in Position. Sie dürfen heute nicht mehr am Aquarium hantieren. Nein, auch nicht füttern! Es ist praktisch, den Start mit einem neuen Aquarium an einem Wochenende zu beginnen. Der Kauf und das Einsetzen der ersten Fische würde dann am Abend eines Freitags stattfinden. Am besten ist es, nach ein paar Stunden die Beleuchtung auszuschalten, gleichgültig, ob sich die Fische gezeigt haben oder nicht. Am nächsten Morgen sieht alles schon ganz anders aus. Jetzt sieht man die Fische. Sie erkunden ihr Aquarium zunächst noch in Gruppen, das ist sicherer. Fangen sie an, den Bodengrund oder Blätter nach Futter abzusuchen, sind sie hungrig. Erst jetzt ist es Zeit, etwas, auf keinen Fall viel, Futter zu geben; soviel, daß es sofort verzehrt werden kann. Zunächst aber werden alle Fische wieder schlagartig verschwinden, wenn Sie sich dem Aquarium nähern, um zu füttern. Später, nach einer gewissen Eingewöhnungszeit, kommen die Fische schon an die Frontscheibe geschwommen, wenn Sie das Zimmer betreten und sich dem Aquarium nähern.

Nach der Futtergabe nehmen Sie sich etwas Zeit und bleiben ruhig sitzen. Herabsinkendes Futter lockt nun die ersten Tiere hervor, bald folgen weitere, und die erste Balgerei um das Futter setzt ein. Auch wenn manche wenig oder nichts erhaschen konnten – nicht noch einmal füttern! Erst am Abend sollte die zweite Fütterung erfolgen. Auch jetzt sparsam füttern!

Im Laufe des Sonntags, wenn Sie ein paarmal kleine Mengen gegeben haben, lernen Sie einzuschätzen, wieviel Futter die Fische tatsächlich annehmen. Sobald die ersten gleichgültig werden und die Futterbrocken wieder ausspucken, muß die Fütterung eingestellt werden. Der wichtigste Grundsatz: Am Boden darf nichts liegenbleiben!

Bald sind die ersten Wochen vorbei, es ist alles gutgegangen, und Sie wollen noch einige weitere Fische hinzukaufen. Die Auswahl erfordert nun besondere Sorgfalt, denn die neuen Arten sollen sich ja in das von den eingewöhnten Fischen bereits aufgeteilte Aquarium gut einfügen. Oberfläche, Mittelwasser, Boden und dort vor allem Pflanzengruppen, Wurzeln, Steingruppen und Freiflächen sind bevorzugte Aufenthaltsgebiete für bestimmte Arten. Wenn die neuen Fische Vorliebe für ein bereits besetztes Revier zeigen, gibt es Streit, meist zu Lasten der zuletzt eingesetzten Tiere. Die haben es oft besonders schwer:

Von der Zoohandlung zurückgekehrt, will man die neuen Fische möglichst schnell wieder in „geordnete Verhältnisse" bringen und sie so schnell wie möglich in das Aquarium einsetzen. Doch das ist falsch.

Erinnern Sie sich? Beim ersten Mal versteckten sich die eingesetzten Fische farblos und verängstigt in den Pflanzen. So blindlings fliehen auch die neuen, und sie lösen damit das Beutefangverhalten der eingewöhnten Arten aus. Diese sind schon ein bißchen gewachsen und fühlen sich überlegen, während aus der Zoohandlung Jungfische kommen. Verluste sind so schon innerhalb der ersten Minuten möglich.

Wie macht man es richtig? Zunächst werden die eingewöhnten Fische normal gefüttert. So lange halten es die neuen im Beutel noch aus. Erst dann werden sie vorsichtig in das für sie fremde Milieu eingesetzt, möglichst an einer Stelle, an der nie gefüttert wird, vielleicht in einer hinteren Ecke.

Also: Füttern, Temperatur und Wasser angleichen, Einsetzen und am besten jetzt das Licht ausschalten! Im Dämmerlicht können sich alle Fische noch gut orientieren, aber die neuen Bewohner haben nun Gelegenheit, das Aquarium zu erkunden, ohne von den anderen zu sehr belästigt zu werden.

Krankheiten vermeiden Jeder Aquarianer hat Angst davor, sich mit neuen Fischen unbemerkt Krankheiten einzuschleppen. Diese Angst ist nicht unbegründet, denn selbst in peinlich gepflegten Händlerbecken können Krankheiten vorkommen. Sind mehrere Behälter vorhanden, ist es also ratsam, eine Quarantänewoche vor dem Einsetzen ins Gesellschaftsbecken durchzuführen. Vor allem Neulinge haben aber kein zweites Aquarium, und so muß man riskieren, neue Fische auch ohne Quarantäne zuzusetzen. Deshalb ist es wichtig, daß man sich die Fische schon in der Zoohandlung genau anschaut. Das Vertrauen in den Zoohändler und seinen Rat ist aber ebenso wichtig. Die Art und Weise, wie seine Aquarien gepflegt sind, ist ein wichtiges Indiz für seine Zuverlässigkeit. Händler, in deren Becken ständig tote oder kranke Fische zu finden sind, sollte man meiden.

Leider gibt es dennoch eine Vielzahl von Fischkrankheiten, aber nur wenige treten wirklich häufig auf. Eine der häufigsten und gefährlichsten ist *Ichthyophthirius multifiliis.* Mit ihr wird wohl jeder Aquarianer früher oder später konfrontiert. Diese „Grießkörnchen"- oder „Weißpünktchen"-Erkrankung, die von einem Erreger mit dem wissenschaftlichen Namen *Ichthyophthirius multifiliis* ausgelöst wird, macht sich durch auf Flossen und Körper sitzende kleine weiße Punkte bemerkbar, deren Zahl sich innerhalb von jeweils zwei bis drei Tagen vervielfacht. Gewöhnlich bricht sie, falls man sie mit neuen Fischen einschleppt, am dritten oder vierten Tag aus. Entdeckt man die ersten Punkte, muß sofort ein Medikament eingesetzt werden. Es ist also gut, stets ein wirksames Mittel gegen diese Krankheit für den Notfall vorrätig zu haben. Wohl dem, der es nie braucht.

Die im Handel erhältlichen Medikamente sind erprobt und wirksam, manche haben aber einen Zusatz, der die Pflanzen schädigt. Lassen Sie sich also beraten und verzichten Sie auf solche mit Acriflavin- (oder Trypaflavin-)Zusätzen. Wie bei allen Erkrankungen sind rechtzeitiges Erkennen und eine schnelle Behandlung schon der halbe Erfolg. Eine durch mangelhafte Behandlung verschleppte Infektion, die zu mehrfachem Wiederbefall führt, kann erhebliche Verluste verursachen. Der Kauf lebender Tiere ist immer Vertrauenssache. Wenn Ihnen an den Fischen, die Sie eigentlich gerne kaufen möchten, etwas im Schwimmverhalten nicht einwandfrei vorkommt, ist es besser, auf den Kauf zu verzichten. Schauen Sie sich auch die anderen Tiere

im gleichen Aquarium an. Schaukelnde, sich schüttelnde, mit angelegten Flossen „klemmende“ Tiere weisen darauf hin, daß etwas in diesem Becken nicht stimmt. Auch wenn der Fisch, den Sie kaufen wollen, gesund aussieht – lassen Sie es! Die Tiere erkranken nicht alle zur gleichen Zeit, und mit dem Wasser aus diesem Aquarium nehmen Sie auf alle Fälle die Erreger mit. Sprechen Sie mit dem Händler, fragen Sie, was er gegen die Krankheit unternommen hat und wann er glaubt, daß alles wieder in Ordnung ist. Es bleibt zwar immer ein Risiko, aber dieses es läßt sich durch genaues Beobachten und Nachfragen einschränken.
Sollte trotz aller Vorsicht in Ihrem Aquarium eine Erkrankung auftreten, so ist das nicht gleich eine Katastrophe. Es gibt Medikamente gegen die meisten häufigen Krankheiten. Eine völlige Desinfektion ist in normalen Haushalten ohnehin nicht möglich. Deshalb ist es wichtig, durch gute Haltungsbedingungen den Krankheitserregern keine Chance zu geben, die Fische zu schädigen. Diese sind nämlich recht gut geschützt, weil eine intakte Schleimhaut keinen Erreger durchläßt. Am empfindlichsten sind die Kiemen, weil dort beim Gasaustausch der innigste Kontakt zwischen Wasser und Körper nötig ist. Jede Wasserveränderung wirkt auch auf die Kiemen, und strapazierte Kiemen sind Ansatzpunkte für Erreger und für verschiedene Parasiten. Auch deshalb kommt der Wasserqualität größte Bedeutung zu.
Das bedeutet, daß man vor allem auf eine unverletzte Schleimhaut besonders achten muß. Nach dem Fang, auf dem Transport und nach Beißereien kann der geschlossene Schleimfilm unterbrochen sein und Erregern Zugang zur ungeschützten Fischhaut erlauben. Schwache Kochsalzgaben (für ein mittelgroßes Becken genügen etwa zwei gehäufte Eßlöffel in 10 l Wasser gelöst), beim Wasserwechsel einmal zugegeben, bewirken ein schnelles Schließen von Schleimhautverletzungen. Keinesfalls das Salz auf die gesamte Menge des Aquariums berechnen! Und bitte auch kein ungelöstes Salz in das Aquarium rieseln lassen!

Zurückhaltend, aber richtig pflegen

Wie eingangs gesagt, können und sollen die 100 hier vorgestellten Arten nur eine Auswahl des wesentlich umfangreicheren Angebotes im Fachhandel sein. Vielleicht haben Sie in den Kurzbeschreibungen die üblichen Pflegehinweise, Temperatur-, Wasserhärte- und pH-Wert vermißt?
Um nicht fast bei jeder Art das gleiche wiederholen zu müssen, wurde diese Auswahl auch unter dem Gesichtspunkt zusammengestellt, daß nahezu alle genannten Arten mit etwa den gleichen Bedingungen zurechtkommen. Gehen wir davon aus, daß ein Aquarium für 10 bis 20 kleine oder höchstens mittelgroß werdende Fische entweder 80 x 40 x 40 oder 100 x 50 x 50 Zentimenter messen sollte, so hängt es allein von der Artenzusammenstellung ab, ob es zu Auseinandersetzungen kommt. Zu wesentlich kleineren Aquarien rate ich nicht – sie verschmutzen schnell und sind schwerer und mit erheblich höherem Pflegeaufwand funktionsfähig zu halten.
Besonders die Temperatur steht beim Ratsuchenden oft im Vordergrund. Dabei haben sich die Wohnbedingungen meist derartig verändert, daß ein Aquarium eigentlich eine zusätzliche Heizung nur für den Fall braucht, in dem die Raumtemperatur niedriger ist als die gewünschte Aquarientemperatur. Im Zuge des Energiesparens heizt man heute ja nicht mehr auf Werte über 22 oder 23 °C. Es ist also sinnvoll, einen Reglerheizer einzubauen, der auf 22 bis 24 °C eingestellt ist. Er hält die Temperatur einigermaßen konstant auf diesem, für fast alle Arten optimalen Temperaturbereich. Zwischen 18 und 30 °C vertragen allerdings die meisten im Handel üblichen Arten, freilich sollten sie nicht dauernd bei den genannten Grenzwerten gehalten

werden. Günstig ist eine Temperaturschwankung, die morgens beim Einschalten der Beleuchtung bei 20 bis 22 °C beginnt, tagsüber auf 25 bis 28 °C steigt und nachts wieder abfällt. Die Grundtemperatur unserer Wohnungen erlaubt diesen Temperaturrhythmus gewöhnlich nicht, da moderne Heizungsanlagen je nach Einstellung nachts ganz abgeschaltet sind oder die Raumtemperatur zumindest stark absenken. Allein die Wärmewirkung der Aquarienbeleuchtung bewirkt aber eine deutliche Erwärmung des Aquarienwassers. Man kann also durch Beobachtung des Temperaturverlaufs im Aquarium eine solche Temperaturschwankung erreichen, indem man den Stabheizer so einstellt, daß er bei z.B. 20 °C einschaltet. Die weitere Erwärmung im Tagesverlauf auf etwa 25 bis 28 °C erledigen dann die steigende Raumtemperatur und die Beleuchtung, nachts fällt die Temperatur wieder auf die eingestellte Mindesttemperatur von 20 °C ab. Diese Methode erfordert jedoch eine genaue Beobachtung der Werte über einen längeren Zeitraum. Im Handel gibt es auch Steuergeräte, die die Temperaturschwankung automatisch einstellen. Notwendig sind solche Geräte normalerweise nicht, denn selbst eine konstante Temperatur ist für die meisten Fische kein Problem.

Problematischer kann eine zu hohe Temperatur im Hochsommer werden. Mit einer starken Beleuchtung zusammen kann ein Aquarium sich dann leicht auf Werte über 30 °C aufheizen. Hier hilft nur noch das Abschalten der wärmeerzeugenden Lampe (der Regelheizer arbeitet ohnehin nicht mehr). Ein Aquarium kommt problemlos ein paar Tage ohne helle Beleuchtung aus. Dies kann bereits über die heißesten Tage des Jahres hinweghelfen.

Viel wichtiger als eine konstante Heizung ist aber eine gute Sauerstoffversorgung des Wassers durch eine Durchlüftung, die mit der Filterung kombiniert werden kann. Die beste Versorgung mit Luftsauerstoff funktioniert über die Oberfläche des Aquariums, nicht über die Bläschenströme aus dem Ausströmer. Das Aquarienwasser muß nur oft genug umgewälzt werden, um einen Austausch der verschiedenen Gase zu ermöglichen. Zur Aufnahme von Luftsauerstoff (O_2) muß das Wasser an der Oberfäche entlangströmen können. Das erreicht man sowohl durch die Wasserbewegung eines Ausströmers, als auch durch die Rückströmung des Wassers aus dem jeweiligen Filter.

Ob aber Innen- oder Außen-, Schwamm-, Ein- oder Vielkammer-, Riesel-, Tropf- oder eine andere Filteranlage für das von Ihnen betriebene Aquarium die vorteilhafteste Lösung darstellt, hängt von vielen Faktoren ab. Es kann daher kein System pauschal empfohlen werden. Wichtig ist nur, daß das Wasser regelmäßig umgewälzt wird, um den Gasaustausch zu gewährleisten.

Filter sollen außerdem das Wasser klären und schädliche Stoffe zurückhalten. Solche das Wohlbefinden der Fische beeinträchtigenden Belastungen entstehen ständig durch die Fütterung und durch die Ausscheidungen der Fische, und sie werden keineswegs von den Wasserpflanzen im erforderlichen Maß abgebaut. Von den handelsüblichen Filtern werden sie nicht entfernt, weil sie meist im Wasser gelöst sind und die Filtermasse passieren können. Auf dem Filtersubstrat aber siedeln sich Mikroorganismen an, die von einem Teil der gelösten Abfallstoffe leben und eine chemische Umformung bewirken. Dennoch bleibt genügend belastendes Material im Umlauf, so daß die Konzentration dieser Stoffe ständig ansteigt. Durch hohe Futtergaben kann es sogar passieren, daß nicht erst die Verdauungsrückstände, sondern zersetztes, nicht verzehrtes Futter zur Belastung des Wassers beiträgt. Alle Zersetzungsvorgänge aber verbrauchen Sauerstoff, den die Fische zum Leben benötigen. Es leuchtet daher ein, daß von Zeit zu Zeit ein Teil des belasteten Wassers entfernt, der Filter gereinigt und frisches Wasser von etwa gleicher Temperatur wieder

aufgefüllt werden muß. Je regelmäßiger dies geschieht, desto besser sind die Lebensverhältnisse im Aquarium.
Allgemein hängt es vom Fischbesatz ab, wie oft ein Teil des Wassers erneuert werden sollte, meist werden 5 bis 10% des Wasserinhaltes wöchentlich genügen. Es kommt natürlich immer wieder vor, daß dieser Rhythmus des Wasserwechsels nicht eingehalten werden kann. Es wäre nun ein Fehler, den in einer Woche unterlassenen Wasserwechsel durch eine besonders gründliche Reinigung oder den Wechsel des gesamten Wassers ausgleichen zu wollen. Die dadurch eintretende Milieuveränderung wäre für die Fische und auch für die Wasserpflanzen zu extrem! Besser ist es in einem solchen Fall, mehrere kleinere Wasserwechsel in kürzerer Folge durchzuführen, also im Abstand von vier Tagen dreimal etwa 5% auszutauschen, bis man wieder im gewohnten Rhythmus ist. Das gilt auch nach längerer Abwesenheit, z. B. nach dem Urlaub, auch wenn nur knapp oder nicht gefüttert wurde.
Neben der Temperatur, der Sauberkeit des Wassers und der Sauerstoffversorgung gilt das größte Interesse der Fütterung. Oft werden hier, wie schon zuvor erwähnt, gravierende Fehler gemacht. Meist wird im Bemühen, den Fischen Gutes zu tun, zu viel oder zu viel auf einmal gegeben. Als Faustregel gilt: Wenn nach etwa fünf Minuten noch Futter am Boden liegt oder auf der Oberfläche schwimmt, wurde zuviel gefüttert. Auch das Betteln an der Frontscheibe darf nicht dazu führen, ständig etwas nachzureichen. Es ist aber für manche nachtaktive Arten wichtig, daß sie nach dem Ausschalten der Beleuchtung Futter vorfinden. Das gilt für fast alle Welse, die tagsüber versteckt leben und die sonst zu wenig Futter erhalten. Es ist auch nicht „grausam", sondern den Fischen sehr zuträglich, einen Hungertag pro Woche einzuschieben und nicht zu füttern. Die meisten Arten suchen daraufhin das Aquarium nach Freßbarem ab, wenden sich auch halbzersetzten Blättern zu und fressen manches, was sie bei reichlicher Fütterung unbeachtet gelassen hätten.
Machen Sie es sich aber nicht zu einfach und füttern Sie nicht ausschließlich das in reicher Auswahl angebotene industriell hergestellte Futter. Dieses Futter ist zwar hervorragend, denn es wird ständig kontrolliert und verbessert. Um „vielseitig" zu füttern, mischen daher manche Aquarianer die Produkte verschiedener Firmen oder verschiedene Trokkenfuttersorten und geben den Fischen dieses Gemisch. Das führt aber nur dazu, daß selektiv verzehrt wird. Was ihnen zusagt, nehmen die Fische auf, andere Brocken spucken sie aus, die dann zu Boden sinken. Das Futter zersetzt sich und belastet das Wasser, führt vielleicht sogar zur Vermehrung von Infusorien, der sogenannten weißen Wassertrübung. Auch Algen gedeihen in belastetem Wasser besser, weil neben Licht auch gelöste Nährstoffe ihre Massenvermehrung begünstigen.
Da lebendes Futter meist nicht regelmäßig angeboten werden kann, sollte man öfter gefrostete Cyclops, Daphnien, Mückenlarven, Tubifex oder marine Kleinkrebse anbieten. Diese Futtertiere beeinflussen durch ihre Ballaststoffe die Darmtätigkeit der Fische positiv. Außerdem bleiben durch das Einfrieren die Vitamine in den Futtertieren erhalten.
Als pflanzliche Zusatzfutterarten, die man stets in nur kleinen Mengen und zunächst auch probeweise verfüttern kann, sind zerriebene Weizenkeime, Haferflocken, Frostspinat, Brennesselmehl und sogar geriebene Nudeln mit gutem Erfolg verwendet worden.
Zuchtansätze von stummelflügeligen Essigfliegen oder Wurmkulturen für Fische unterschiedlicher Größe sind ebenso vorteilhaft, meistens aber eine nicht zu unterschätzende Arbeitsbelastung und stellen gewöhnlich, vor allem bei nicht sachgemäßer Wartung, den häuslichen Frieden in Frage. Auch Stechmükkenlarven aus der Regentonne können eine willkomene Bereicherung des Speisezettels der Fische sein. Aber auch hier sparsam füt-

tern, denn die Mückenlarven enthalten viel Fett.

Bei allen Pflegemaßnahmen muß jedoch oberstes Gebot sein, so wenig wie möglich in das Aquarium einzugreifen. Gerade Anfänger machen im Bemühen, den Pflanzen und Tieren gute Bedingungen zu bieten, einfach zu viel, wenn sie täglich am Aquarium irgendetwas verändern. Beobachten, wachsen lassen und höchstens beim wöchentlichen Wasserwechsel korrigieren!

Für diesen auf etwa ein bis zwei Stunden begrenzten Pflegeeinsatz macht man sich am besten ein Programm, das bald zur Routine wird, das aber, um später Zeit zu sparen, geübt werden muß:

1. Überlegen, was alles getan werden soll, und in der richtigen Reihenfolge aufschreiben.
2. Falls notwendig, überzählige Fische herausfangen und umsetzen.
3. Korrekturen am Pflanzenwuchs und Einbringen neuer Pflanzen.
4. Heizung abschalten.
5. Abziehen des Wassers (etwa 5 bis 10%); dabei gleichzeitig Mulm absaugen.
6. Reinigen der Frontscheibe, solange sie noch feucht ist.
7. Abmontieren des Filters und gründliche Reinigung der Filtermasse.
8. Deckscheiben säubern.
9. Filter wieder montieren.
10. Auffüllen des alten Wasserstandes durch temperiertes Frischwasser.
11. Heizung wieder einschalten.
12. Alles nachkontrollieren und auf Funktion prüfen.
13. Leichte Futtergabe, um die beunruhigten Fische wieder zum Schwimmen anzuregen.
14. Datum für den nächsten Wasserwechsel notieren.
15. Wegräumen der benötigten Geräte.

Hier ein Ratschlag für die, die noch nicht oft Wasser gewechselt haben. Man macht sich nicht gerade beliebt, wenn die Spuren dieser Tätigkeit überall in der Wohnung sichtbar werden. Beim Beseitigen des alten und Heranschaffen des frischen Wassers wird das Überschwappen des Wassers im Eimer kaum zu vermeiden sein. Ein fingerdicker Schlauch, für große Aquarien auch ein Gartenschlauch, vom Aquarium bis zum Abfluß (oder ins nächstgelegene Gartenbeet), hinterläßt jedenfalls keine Spuren und ist außerdem zeitsparend. Die aquarienseitige Öffnung versperrt man mit einem Filtereinlaufsieb, das den Mulm noch durchläßt, aber die Fische nicht mit einsaugt. Mit einem Drahtbügel muß der Schlauch gut am Beckenrand gesichert werden, damit er nicht aus dem Aquarium herausgleitet. Umgekehrt läßt sich das Wasser wieder auffüllen, indem der Schlauchanschluß mit der Mischbatterie des Wasserhahns verbunden wird. Mit einiger Übung bekommt man das Wassergemisch auf die richtige Temperatur, dabei ist etwas kühleres Wasser nicht so gefährlich wie zu warmes. Durch den geringen Frischwasseranteil gleichen sich Temperaturunterschiede im Aquarium ohnehin schnell aus. Das vollständige Entleeren des Schlauches nach dem Wasserwechsel darf aber keinesfalls vergessen werden. Sonst tritt das ein, was wir eigentlich vermeiden wollten: Wasser auf dem Teppich oder Fußboden.

In manchen Städten enthält das Wasser Chlor, das beim Einfüllen in das Aquarium frei wird, wodurch sich an Pflanzen und Fischen kleine Bläschen ansetzen können. Das kann bei starker Bläschenbildung für die Fische gefährlich werden, deshalb muß das Wasser vorher etwa einen Tag abstehen. Der Schlauch hilft dann nur noch, Zeit beim Abziehen einzusparen. Züchter montieren sich zu diesem Zweck Vorratsbehälter, aus denen sie das abgestandene Wasser in die Aquarien fließen lassen. Für Liebhaber mit Einzelaquarien lohnt dieser Aufwand nicht, und so muß man in gut gereinigte (!) Eimer, die mit Putzmitteln o. ä. nicht in Berührung kommen dürfen, das Wasser am Abend zuvor mit kräftigem Strahl einfüllen.

Dabei entweicht ein Teil des Gases. Jeder entwickelt seine individuelle Technik, die von den räumlichen Gegebenheiten abhängt. Man muß diese Abläufe gut vorplanen, weil ein aus Bequemlichkeit unterlassener Teilwasserwechsel schlimme Folgen für das Aquarium hat und gedankenloses Planschen Ärger mit der Familie bringt.

Pflegen heißt, Verantwortung für Lebewesen übernehmen! Alle in diesem Buch gegebenen Ratschläge und Hinweise gehen von der Grundhaltung aus, die in Aquarien gehaltenen Lebewesen, Fische und Wasserpflanzen, unter ihnen zusagenden Bedingungen zu pflegen.

Ein Aquarium ist kein Kinder„spielzeug"! Pflanzen und Fische entwickeln sich um so besser, je weniger man am Aquarium „herumspielt". Aquarien sind dennoch für Kinder wichtig, weil sie damit das Leben der Fische und Wasserpflanzen und Einsichten in verschiedene Lebensvorgänge anschaulich vermittelt bekommen und damit zum Beobachten angeregt werden. Das allerdings verpflichtet die Eltern, auch Wertbegriffe, die sie den Kindern vermitteln wollen, selbst vorzuleben. Unsere Kinder wachsen in eine Zeit hinein, in der die Erhaltung unserer Umwelt eine noch größere Rolle als bisher spielen wird.

Die Erhaltung von Lebensräumen für Tiere und Pflanzen und der Schutz der Tiere in Menschenobhut sind wichtige Elemente, auf die spätere Generationen auch gedanklich vorbereitet werden müssen. Das erfordert vor allem andere Wertbegriffe gegenüber Lebewesen und ihren Bedürfnissen.

Nur ganz wenige Wildarten mit saisonbedingter und natürlicher starker Vermehrung sind trotz Fang- und Transportaufwand billiger zu haben als in Züchtereien vermehrte Fische. Dies gilt zum Beispiel für den Roten Neonsalmler. Aber diese prächtigen Aquarienfische sind nicht durch das Abfischen massenhaft vorkommender Jungtiere in ihrer Existenz bedroht, sondern viel mehr durch das Vergiften ihrer Heimatgewässer in Südamerika, durch das Abholzen der Urwaldgebiete und die drastischen Eingriffe in den Naturhaushalt. Es ist interessant, daß es bereits heute Süßwasserfischarten gibt, von denen mehr in Aquarien gepflegt werden, als in ihren Heimatgebieten noch leben.

Eine wichtige Aufgabe der Aquaristik ist es also, in Aquarien vorhandene Bestände, die in ihren Ursprungsgewässern bedroht sind und zu verschwinden drohen, durch Nachzucht am Leben zu erhalten. Auch wenn es nur „kleine Fische" sind; jede ausgestorbene Art ist eine zuviel und unwiederbringlich verloren!

In vielen Ländern, auch bei uns, haben die Liebhaberorganisationen dieses Problem erkannt. In Arbeitskreisen, Interessengemeinschaften und Vereinen spielen heute Erhaltungszuchten eine wichtige Rolle. Viele Liebhaber sehen neben der Freude, die sie beim Pflegen ihrer Aquarien erleben, auch die Verpflichtung, Arten durch Nachzucht zu erhalten, die im Fachhandel aus den verschiedensten Gründen selten erhältlich sind oder nie auftauchen.

Um hier mithelfen zu können, muß man aber zunächst in der Lage sein, die anspruchslosen Arten richtig zu pflegen und Grundkenntnisse über die Lebensvorgänge im Aquarium sammeln. Neben Fachbüchern können die regelmäßig erscheinenden Zeitschriften für Aquarienkunde dabei eine wesentliche Hilfe sein, weil dort in Aufsätzen aktuelle Fragen und Probleme diskutiert, neue Erkenntnisse vermittelt sowie Haltungs- und Zuchtbedingungen für einzelne Arten mitgeteilt werden, lange bevor diese ihren Niederschlag in neuen Fachbüchern finden.

Die beste Form, schnell in die Aquaristik hineinzuwachsen, ist aber der Kontakt mit anderen Liebhabern. Das direkte Gespräch mit erfahrenen Praktikern kann so manches Problem lösen, der Erfahrungsaustausch verbessert schnell den eigenen Kenntnisstand, und eines Tages wird man vom Fragenden zum Experten, bei dem sich andere Rat holen.

Guten Start und ...

Nun wird man nicht zum Aquarianer durch das Lesen von Ratschlägen. Aber einige der vermittelten Tips aus der Praxis ersparen vielleicht doch Zeit, Aufwand, Enttäuschung oder gar Ärger. Sicherlich ist das eine oder andere für Sie selbstverständlich. Und vielleicht ist die hier vertretene Position, der Pflege des Aquarienwassers mehr Aufmerksamkeit zu schenken als dem Füttern der Fische, die doch eigentlich im Mittelpunkt des Interesses stehen, für Sie noch ungewohnt. Aber sicherlich werden Sie schnell überzeugt sein, wenn sich der Erfolg eingestellt hat und die Fische stets gesund sind. Einhundert interessante Fischarten kennen Sie jetzt und gemeinsam haben wir uns Gedanken zur Pflege des Aquariums gemacht. Welche Fische sie sich aussuchen werden, weiß ich nicht. Jetzt sind sie dran!

... dabei viel Erfolg!

Literaturverzeichnis

Amlacher, E.: Taschenbuch der Fischkrankheiten. Gustav Fischer Verlag, Stuttgart/New York 1981.

Baensch, H. A., Riehl. R.: Aquarienatlas, Band 2. Mergus-Verlag, Melle 1985.

Barth, H., Stallknecht, H.: Pflanzen fürs Aquarium. Urania-Verlag, Leipzig/Jena/Berlin 1990.

Bassleer, G.: Bildatlas der Fischkrankheiten. Verlag J. Neumann-Neudamm, Melsungen 1983.

Bech, R.: Eierlegende Zahnkarpfen. Neumann Verlag, Leipzig/Radebeul 1989.

Brünner, G.: Handbuch der Aquarienpflanzen. Franckh'sche Verlagshandlung, Stuttgart 1984.

Franke, H.-J.: Handbuch der Welskunde. Urania-Verlag, Leipzig/Jena/Berlin 1985.

Frey, H.: Aquarienpraxis kurz gefaßt. Neumann Verlag, Leipzig/Radebeul 1988.

Geisler, R.: Wasserkunde für die aquaristische Praxis. Alfred Kernen Verlag, Stuttgart 1964.

Herrmann, H.-J.: Die Buntbarsche der Alten Welt. Verlag Eugen Ulmer, Stuttgart 1990.

Hohl, D.: Aquarien und Kinder. Urania-Verlag, Leipzig/Jena/Berlin 1983.

Hieronimus, H.: Welse. Verlag Eugen Ulmer, Stuttgart 1989.

Horst, K.: Pflanzen im Aquarium. Verlag Eugen Ulmer, Stuttgart 1991, 2. Aufl.

Horst K., Kipper, H.: Das optimale Aquarium. AD aquadocumenta Verlag GmbH, Bielefeld 1989.

Hückstedt, G.: Aquarienchemie. Franckh'sche Verlagshandlung, Stuttgart 1963.

Kosmos-Handbuch-Aquarienkunde. Franckh'sche Verlagshandlung, Stuttgart 1983.

Krause, H.-J.: Aquarienwasser: Diagnose und Therapie. Franck'sche Verlagshandlung, Stuttgart 1985.

Linke, H.: Farbe im Aquarium: Labyrinthfische. Tetra-Verlag, Melle 1980.

Mayland, H. J.: Große Aquarienpraxis, Bände 1–3. Landbuch-Verlag, Hannover 1977, 1979, 1978.

Meyer, M. K., Wischnath, L., Foerster, W.: Lebendgebärende Zierfische: Arten der Welt. Mergus-Verlag, Melle 1985.

Pinter, H.: Salmler. Verlag Eugen Ulmer, Stuttgart 1988.

Riehl, R., Baensch, H. A.: Aquarienatlas, Band 1. Mergus-Verlag, Melle 1984.

Riehl, R., Baensch H. A.: Aquarienatlas, Band 3. Mergus-Verlag, Melle 1990.

Richter, H.-J.: Das Buch der Labyrinthfische. Neumann Verlag, Leipzig/Radebeul 1979.

Richter, H.-J.: Aquarienfische im Blickpunkt. Urania-Verlag, Leipzig/Jena/Berlin 1984.

Schmettkamp, W.: Die Zwergcichliden Südamerikas. Landbuch Verlag, Hannover 1982.

Schöpfel. H.: Schöne Aquarien. Urania-Verlag, Leipzig/Jena/Berlin 1991.

Schubert, G.: Krankheiten der Fische. Franckh'sche Verlagshandlung, Stuttgart 1964.

Schubert, P.: Regenbogenfische. Urania-Verlag Leipzig/Jena/Berlin 1991.

Seegers, L.: Killifische: Eierlegende Zahnkarpfen im Aquarium. Verlag Eugen Ulmer, Stuttgart 1980.

Seegers, L.: Das Aquarium. Verlag Eugen Ulmer, Stuttgart 1988.

Staeck, W.: Handbuch der Cichlidenkunde. Franck'sche Verlagshandlung, Stuttgart 1982.

Stallknecht, H.: 100 Tips für Aquarianer. Urania-Verlag, Leipzig/Jena/Berlin 1979.

Stallknecht, H.: Freude am Aquarium. Urania-Verlag, Leipzig/Jena/Berlin 1983.

Stallknecht, H.: Lebendgebärende Zahnkarpfen. Neumann Verlag, Leipzig/Radebeul 1988.

Stawikowski, R., Werner, U.: Die Buntbarsche der Neuen Welt – Mittelamerika. Edition Kernen, Essen 1985.

Stawikoski, R., Werner, U.: Die Buntbarsche der Neuen Welt – Südamerika. Edition

der Neuen Welt – Südamerika. Edition Kernen, Essen 1988.
Sterba, G.: Aquarienkunde. Urania-Verlag, Leipzig/Jena/Berlin 1988.
Weiss, W.: ABC der Aquarienkunde. Franck'sche Verlagshandlung, Stuttgart 1982.
Werner, U.: Aquarienpraxis: Süßwasser. Edition Kernen, Essen 1987.
Wheeler, A.: Das große Buch der Fische. Verlag Eugen Ulmer, Stuttgart 1977.

Wichtige Adressen

BNA
Bundesverband für fachgerechten Natur- und Artenschutz, Postfach 1110, 7521 Hambrücken.

Deutsche Cichliden-Gesellschaft (DCG) e.V.
Geschäftsführer: Winfried Poesdorf, Parkstr. 21a, 4800 Bielefeld 17, Tel. (0521) 331213.

Deutsche Gesellschaft für Lebendgebärende Zahnkarpfen e.V. (DGLZ)
1. Geschäftsführer: Dr. Vollrad Etzel, Hamburg-Amerika-Str. 6, 2190 Cuxhaven, Tel. (04721) 34911.

Internationale Gemeinschaft für Labyrinthfische (IGL)
Geschäftsführer: Harald Hehl, Am Obertor 1b, 6509 Flonheim, Tel. (06734) 1027.

Deutsche Killifisch Gemeinschaft e.V.
1. Geschäftsführer: Dr. Vollrad Etzel, Hamburg-Amerika-Str. 6, 2190 Cuxhaven, Tel. (04721) 34911.

Verband Deutscher Vereine für Aquarien- und Terrarienkunde (VDA) e.V., gegr. 1911
Geschäftsstelle: Hans und Ingrid Stiller, Luxemburger Straße 16, 4630 Bochum, Tel. (0234) 381650, geschäftlich (0234) 306385.

Internationale Gesellschaft für Regenbogenfische e.V. (IRG)
Geschäftsführer: Andreas Deutrich, Ratherstr. 53, 5160 Düren 7, Tel. (02421) 37675, Fax: (02421) 32890.

Arbeitskreis Wasserpflanzen im VDA
Probeheft der Wasserpflanzenzeitschrift AQUA-PLANTA durch den Geschäftsführer, Gerd Eggers, Flachsbleiche 70, 4044 Kaarst, Tel. (02131) 68063-64.

VDA-Arbeitskreis Barben, Salmler, Schmerlen, Welse
Geschäftsstelle: Uwe Wolf, Lindenwiese 5, Zella-Mehlis, Tel. (09669 bzw. 0037669) 2557.

Sachregister

Bildquellen

Fotos: Hans-Joachim Richter, Biesen.
Zeichnungen: Sigrid Lokau, Bochum-Wattenscheid.
Zeichnungen im Kapitel „Wasserpflanzen im Aquarium“: Urania-Verlagsgesellschaft, Leipzig.